大本営から読み解く太平洋戦争

橋本拓弥

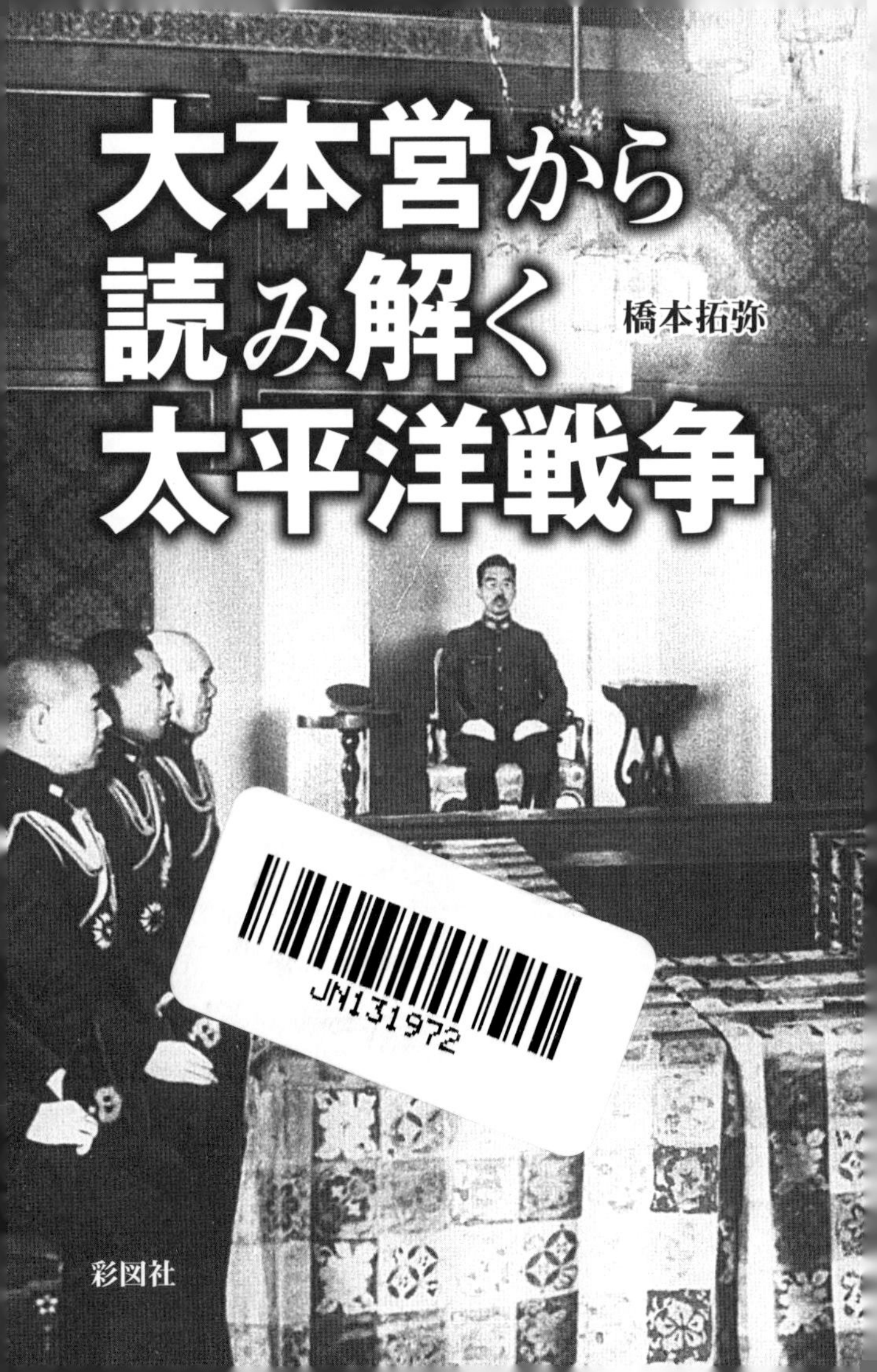

彩図社

まえがき

２０１９年5月1日、日本は新たな時代となる「令和」を迎えた。「大化」から数えて２４８番目となる令和の元号は、『万葉集』の巻五、梅花の歌三十二首序文を典拠としている。

令和は元号ではじめて日本の古典から引用されたことが話題になり、通販サイトで『万葉集』が品切れになるほど多くの人々が買い求めるなど、国内は令和元年のお祝いムードで包まれた。

ただ、世界は揺れている。

アメリカと中国による超国家の対立を軸に、ロシアではなりふり構わぬ強権ぶりを誇示するプーチン大統領の独裁色が強まり、アジアではフィリピンのドゥテルテ大統領が「嫌米」の姿勢を見せる。そして、北朝鮮の脅威も相変わらずである。さらには日韓の軍事情報を取り決めた軍事情報包括保護協定（ＧＳＯＭＩＡ）の破棄を韓国がちらつかせたのは記憶に新しいところだ。

いずれにしても世界的な右傾化と自国第一主義が叫ばれている昨今、日本も例外ではなく、識者や知識人の間では「日本は戦前のような雰囲気になってきた」と危惧する者も少なくない。

だが、戦後から70年以上が経過した今、現天皇を含め戦争を知らない世代がほとんどなのだ。社会情勢や国家権力の動向が「戦前と似ている」「戦争中のような振る舞いだ」と言われても、リアルに感じられないのも事実である。

そこには、日本人が先の戦争を曖昧にした戦後教育を受けてきた弊害が色濃いように思える。主にアメリカ寄りの通り一遍のいわゆる自虐史観と呼ばれるような解釈や立場を良しとし、「普通の国」を目指して敗戦から復興を遂げるべく一心不乱に邁進した結果でもある。

１９５６年の経済白書序文にある「もはや戦後ではない」はだいぶ古い話になってしまうが、国として戦争を帰着できていない日本は、戦後70年以上が経過してもいまだその呪縛から逃れられていないように思う。我々日本人は令和という節目に際し、新時代を乗り切るために、先の戦争を知り、向き合う必要があるのではないか。

あの戦争はどうして起こり、何が行われたのか。何が正しく、何が正しくないのか。戦争のイメージ、偏った歴史、日本人の陥りやすい陰謀史観・自虐史観。さらにインターネット上の宝も石も混ざり合う爆発的な情報量——。

それらを考察していくと、戦争への道に国民を導いた『大本営』という組織がキーワードになる。辞書や用語辞典にある大本営を要約すると以下のように説明される。

大本営――戦時または事変に際して設置される陸・海軍の最高統帥機関である。

つまり、大本営とは「戦争中における軍事機関の最も重要かつ権威ある組織」であり、幕末・明治維新から連なる日本の近代史のメインストリームの一部でもあった。
しかし、大本営が日本軍のどういう立ち位置にあったかを知る人は少なく、一般的なイメージとしては、嘘の戦果を大々的に報じた「大本営発表」に起因するあやふやで胡散臭いものだろう。
この大本営、戦果の広報的な役割の部署にとどまらず、戦争をすべきか否かなどの国策にも大きな影響を及ぼす日本軍の根幹となった組織だった。逆説的に言えば、大本営を知らずして先の戦争の本質は理解できない。

さて、冒頭で紹介した令和の出典だが、大元は後漢の文学者・張衡《ちようこう》の『帰田賦《きでんのふ》』に拠るといった話もある。その詩は、愚昧な帝が側近の専横を許し、腐敗した宮廷に憤る内容だという。

歴史は繰り返すのか。

今回の文庫化にあたり、日本の未来予想図を考える上で、現代との同時代性を指摘される先の戦争を知ってほしいという狙いがある。ぼんやりと「無謀な戦争だった」「戦争はしてはいけない」と片付けてしまうことは簡単だが、世界が大きく揺れ動きそうな時代に、大本営というレンズを通して日本軍の歩みをひと続きに理解してほしい。

最高統帥機関たる大本営が戦争にどのように関わり、どんな真実や責任があったのか。そして、どのように滅亡へと導いてしまったのか――。

本書で歴史の真実を知ることが、真の戦後脱却、真の平和への足がかりとなることを信じてやまない。

大本営から読み解く太平洋戦争〈目次〉

第二章 混迷と孤立、そして深まる日米の対立

第三章 決意なき開戦

第一章 ―― 明治維新と大本営の成り立ち

01 日本軍の夜明け前

――軍の近代化と組織づくりが始まる

●大本営と軍の関係

「大本営」とは、太平洋戦争時の日本軍において非常に重要な組織を指す。日本における東京、政府における内閣と同義である大本営は、戦争の舵取りを担う軍部の中枢であり、主に作戦を考える頭脳でもあった。

そのため責任の所在があるべき組織であることは間違いない。だが、戦争責任を問う場面でフォーカスされるのは東條《とうじょう》英機《ひでき》などの個人であり、大本営は「軍部」「陸軍」「海軍」などの組織全体を漠然と示す呼称に換言されることが大半だ。

それは大本営が少々特殊な性質の組織であることにも拠る。この大本営は、戦争が起きない限り組織されないからだ。軍隊を指揮運営するための最高機関として、戦争が起こると設置され、日清、日露、日中、そして太平洋戦争と日本軍を時には大勝利に、そして時には見るも無残な大惨敗に追い込んだ。それが大本営である。

この大本営を知るためには、まずは大元となる「日本軍」という組織がどのように生まれ、どのような道のりをたどって太平洋戦争を巻き起こしたのかといった遠回りの手順を踏むことが必要となる。この流れをしっかり踏まえると、複雑怪奇に見える太平洋戦争と大本営の実態がはっきりと見えてくる。

●合言葉は「富国強兵」

日本軍誕生の歴史は、江戸末期から明治初頭にさかのぼる。近代日本の舵取り役を担った明治政府が欧米に追い付くためにさまざまな政策を敷いたことは知られているが、その一大スローガンが「富国強兵」だった。

黒船襲来後、欧米列強による植民地支配を目の当たりにした明治政府は、何よりもまず近代化と軍事力による国力の増強が最重要課題であるという認識を持ったからである。そのために日本軍の成立と充実を急ピッチに進めていく。

まず、1871年（明治4年）に天皇の護衛を目的にした軍隊である「御親兵《ごしんぺい》」や東北と九州の2ヵ所に国内の治安維持を役割とした「鎮台《ちんだい》」を設置した。この二つの組織は、後に名称や形態の変更、増員・増設などによって形を変えるが、最終的には陸軍部・

海軍部となる日本軍のルーツとも言える部隊である。

　これらの軍事組織は、新政府の近代化をスムーズに推し進めるための大いなる力となった。廃藩置県などはそのいい例で、全国の藩知事を御親兵が取り囲んだ皇居に集め、脅迫的に行った施策である。このように明治政府の成り立ちとは、武力を背景にした軍事クーデターといった性格のものも多かった。

　そして、廃藩置県に並行して、各藩の兵士に対する武装解除、および各地域への鎮台増設が行われていた。こうして、地方に対する治安維持のための軍備が充実し、全国統一的な常備軍が編成されていく。

　また、慢性的な軍の人員不足を解消するために、１８７３年（明治6年）に「徴兵制」を施行。大村益次郎《おおむらますじろう》や山県有朋《やまがたありとも》が先頭に立って、法による軍隊員の招集を可能とし、国民皆兵の理念のもと、部隊の充実や組織の増大など軍事力を高めていくことになった。

　軍組織のさらなる改編・改良を経て、１８７２年（明治5年）に「陸軍省」と「海軍省」が設けられ、軍の中央機関が誕生する。

　これが近代における日本軍の始まりである。

●近代日本にさまざまな影響を与えた西南戦争

こうした中で、近代日本で最後の内戦となる1877年（明治10年）に「西南戦争」が勃発した。この日本最後の内戦は、後の日本軍に少なからぬ影響を与えている重要な出来事でもある。実際、何がもたらされたのかを四つの視点から説明する。

第一のポイントは、この西南戦争は徴兵制が施行された初めての大規模な軍事衝突だったこと。百姓や町人あがりを集めた兵隊であっても、近代的な兵器と軍略・戦術によって、勇猛でならした薩摩軍と互角以上の戦いを繰り広げられることを証明した。

そして第二の点で挙げられるのは、勝利した一方で悪く言えば寄せ集めで組織された官軍には、戦意・士気が圧倒的に足りなかったことが浮き彫りとなったことだ。強者揃いの薩摩軍に対して、その胆力に怯えて敗走する兵士も少なくなく、軍人としての意識やモラルが高くない兵士が多くいたと言われている。

この教訓から兵士への精神教育を重視し、天皇を軍、ひいては国民のカリスマとして神格化する教育を実施する。こうして天皇を軍のトップに据えることで兵士の士気高揚を意図し、規律ある軍の体制を志向するようになった。

第三として、一連の士族の反乱の背景にある政治的指導者による煽りや暴走によって引き起こされる武力・軍事力行使の危険性である。軍部の作戦や戦略が政治闘争に利用・阻害される可能性も十分に考えられ、それを回避するために、西南戦争後に国政から軍の作戦活動を切り離す措置が取られた。

1878年（明治11年）の「陸軍・参謀本部」の設立である。この組織が大本営の原点となった。

参謀本部とは軍事行動の作戦・計画を立案する機関で、いわゆる「軍令」を管理・担当する組織。参謀本部は国政を担う内閣に属する陸軍省から独立し、天皇の直属となった。参謀本部と聞くと、太平洋戦争に至る動乱期を背景に成立した組織のイメージが強いが、驚くことに明治の始めにはすでに存在していたとは意外な話だろう。

そして最後となる第四のポイントは、この時の軍事改革が藩閥やそれに付随する権力争いといった後の軍部に脈々と連なる負の遺産を残した点だ。

ご存知のように明治維新では薩長など一部の有力藩が倒幕の原動力となり、そのまま新政府の中枢を独占し、組織によっては長州閥、薩摩閥とはっきりと勢力が分かれることもあった。創設当初の日本軍がまさにそうで、陸軍は長州閥、海軍は薩摩閥という流れとなっていた。

そんな最中での西南戦争である。薩摩の英雄・西郷隆盛の敗北は、海軍の薩摩閥にも影響を及ぼしたのである。

陸軍創設における最大の功労者・山県有朋（左）と日本陸軍の父と呼ばれた大村益次郎（右）

●設立当初から仲の悪い陸軍と海軍

陸軍創設における最大の功労者と言えば、長州藩出身の山県有朋だ。山県が西南戦争で西郷隆盛を倒したことで、その地位と陸軍は揺るぎないものとなった。明治維新の三傑に数えられた西郷に比べると、山県は小さな存在であったが、新政府に多大なる影響力を発揮していた巨星がいなくなったことにより、特に軍事面での彼の権力は絶大なものとなる。こうして、山県が管轄していた陸軍が日本軍の中心となっていく。

そして、もう一人、「日本陸軍の父」と呼ばれる大村益次郎も長州藩の奇兵隊出身の人物。その流れもあってか、陸軍の重責を担う立場の人間は、長州藩出身者が多く徴用された。

一方、海軍は西郷の弟である西郷従道《さいごうつぐみち》や同じくいとこである川村純義《かわむらすみよし》が初期海軍の重鎮として君臨し、海軍は薩摩系といった住み分けが進んでいく。しかし、西郷の死や大久保利通《おおくぼとしみち》の暗殺などによって薩摩系は一時的に勢いを失っていく。こういった背景が「陸主海従」という関係性に反映されたのだ。

このように西南戦争は日本軍の基礎や方針、内部の関係性など、多面的に影響を与えた歴史上重要な戦いだった。そして、軍隊の設立当初から後の日本軍にさまざまな問題を生み出す元凶が存在していたというのも歴史の皮肉であろう。

02 朝鮮がもたらした参謀本部と統帥権

――朝鮮半島情勢の不安が軍整備を後押し

●軍の在り方を決定づける二つの独立

1885年（明治18年）、国家を治めるにあたり、内閣総理大臣と国家運営の役割を担う各大臣を組織する内閣制度が樹立された。また、新しい機構を運営する上での基準となる規則を定めた「内閣職権」が制定されたが、ここには軍に関する重要な規定も含まれている。

「事ノ軍機ニ係リ参謀本部長ヨリ直ニ上奏スルモノト雖モ陸軍大臣ハ其事件ヲ内閣総理大臣ニ報告スベシ」

つまり、軍事上の秘密に関わることは、参謀本部が独自に天皇へ意見を申し述べることができ、内閣（国）に対しては事後報告で構わないと規定された。参謀本部は、

キヨッソーネによる
明治天皇の肖像画

1871年から参謀局として軍部内に設置され、陸軍省から独立した組織となったが、この内閣職権によって「軍令について天皇を直接補佐する参謀本部は陸軍、内閣からも独立した存在として振る舞うことが可能である」というお墨付きを法律的な解釈から得ることができたのだ。こうして参謀本部は、軍の作戦・用兵に関する業務を担い、軍の指揮命令を統括する中央機関となる。

それから5年後に施行された大日本帝国憲法では、参謀本部の独立に関する法的根拠がより強固なものとなる。「第十一条・天皇ハ陸海軍ヲ統帥ス」「第十二条・天皇ハ陸・海軍ノ編制及常備兵額ヲ定ム」という二つの条文は、天皇大権の一つである軍の統帥権を規定した条項だ。

「統帥」とは「統率」と同じ意味で、軍の指揮官が部隊を率いるための指揮権・命令権を意味する。つまり、大日本帝国憲法では、陸・海軍の指揮命令権は天皇にあり、日本軍の規模や組織づくりも天皇の権限であると謳っている。

こうして、参謀本部と統帥権は憲法によって政府から独立し、時の為政者でも管理できない組織となっていく。

そして、参謀本部と統帥権という組織と権力は、天皇に直接関わる（補完関係）ということもあって、責任の所在を明確にできない性質を帯びた曖昧な存在となっていった。

太平洋戦争が始まる70年前の話である。

●こうして軍令は独立した

では、そもそも参謀本部と統帥権は独立させる必要があったのか？

統帥権の独立については、ロンドン軍縮会議の時に内閣が勝手に軍の規模を決めたとして統帥権の侵害を訴えて政府を混乱させた事件（統帥権干犯問題）や、内閣が軍事作戦に口を出せないのをいいことに各地で戦線を拡大させるなど、太平洋戦争の混乱と悪化を招く元凶になったことで知られている。

参謀本部の独立、ひいては統帥権の独立は、前段で述べたように西南戦争が大きく関係する。薩摩軍の征討部隊として組織された政府軍の総督に有栖川宮《ありすがわのみや》熾仁《たるひと》親王《しんのう》が任命されたが、この征討軍に参加した陸・海両軍の実質的なトップである山県有朋（陸軍）と川村純義（海軍）に実際上の指揮権を委ねた。

これが何を意味するかというと、後に初代・陸軍参謀総長となる有栖川宮熾仁親王も、この時は元老院議長という立場で、将官でも高等文官でもなかった。したがって、山県・川村の率いた軍は、政府や陸軍の支配下にあったわけではない。つまり、統帥権が完全に個人に依存した状態で戦争が行われていたのである。

西南戦争の結果は、征討軍の見事な勝利。あの西郷隆盛に勝ったという事実も含め、政治的な雑音を逃れ、ほとんどのことを自分の思うように振る舞えたこの成功体験が、山県や陸軍に多大な影響を与えたのは想像に難くない。それゆえに、統帥権の独立に深く関係する大本営・参謀本部の設置および、その独立に山県は執心した。

また、統帥権の独立に関して、実は外部からの圧力も存在した。それは自由民権運動による民権派・人権派による主張で、「兵権と政権を分離せよ」と要求する声が上がったのだ。「軍は天皇のものであって、政府のものではない。天皇大権の侵害である」という論拠だ。

自由民権運動における影響は思いのほか大きく、「軍は天皇の直轄として、さらに天皇は政治から距離を取り中立の立場にいるべきだ」という着想が生まれ、統帥権の独立が明確になっていくのである。

03 大本営発足と初めての戦争

――近代化した日本と緊迫するアジア情勢

●大本営成立

ここで大本営に関する大前提を確認しておこう。大本営とは、「戦時に設置された日本国軍の最高軍令機関」である。つまり、戦争がないと存在しない組織で、日本で初めの対外戦争となった「日清戦争」で登場する。

文明開化の足音がやっと聞こえ始めた明治の半ばのころから大本営が組織されていたことは意外に思えるが、それは当時のアジアにおける情勢の変化が大きく関係した。19世紀末、日本と周辺諸国の間には緊張感が張り詰めていた。日本政府の中では「戦争」の二文字が現実味を帯びはじめ、火急の敵となる清との開戦を睨み、軍の組織づくりや軍を動かす際に必要となる法令の整備を急ピッチで進めていたのだ。

1893年（明治26年）、日清戦争の1年前に軍令・軍政の指揮・統制を明文化した

「戦時大本営条例」が制定された。「天皇の下に大本営と名づけた最高の統帥機関を置く」など全4ヵ条からなる法令である。

通常、軍に対する指揮命令系統（軍令機関）は、陸・海軍が別々に行っていたが、いざ戦争ということになれば、軍として一つにまとまり、一貫して共通した展望による戦略・戦術が必要となる。また、陸・海軍の組織を横断して、迅速な伝達や作戦実行を可能にしなければならない。この役割を担うのが大本営であり、戦争の中心組織として期待された。

●今一度見る大本営の基本

さて、ここで具体的に大本営の体制を解説する。大本営は天皇のすぐ下に置かれた軍令を司る機関で、大きく分けると陸軍と海軍の2系統がある。陸軍側は「大本営・参謀本部」と呼ばれ、海軍のほうは「大本営・軍令部」と呼称された。

ちなみに、陸軍省から独立していた大本営・参謀本部とは異なり、大本営・軍令部は海軍大臣に属していた。しかし、海軍にも海軍省から独立した軍令機関の設置を必要とする風潮が高まり、この機会に陸・海両軍の組織編成を揃える流れがあった。こうして大本営・参謀本部と軍令部は日本軍の一部である一方で、日本という国の組織図としてはどこにも依らない独立した機関となっていく。

ただ、軍政を担っている陸・海軍省のトップである陸・海軍大臣は、大本営のメンバーとして組み込まれており、内閣に所属するこの二人に意見することで、間接的に政府が関わりを持つことができなくもない。

一方、明治天皇は軍事に対しての専門性は持っていないことを理由に、軍の方針や指揮命令はほとんど大本営に頼るという姿勢を見せ、自らの考えを披瀝することに遠慮がちであった。

このように大本営は戦時に作戦などを迅速に反映できる最高の意思決定機関となり得たのであるが、決定的な問題も同時に見え隠れしていた。それは陸軍と海軍の関係性である。意思統一を図るために二つの軍令組織を組み合わせたが、陸・海軍それぞれに最高責任者を置けば、混乱や不調和は避けられない。会社に置き換えると、同じ組織に二人の社長がいれば、経営方針などの決定で齟齬が生じ、社内は二つの派閥で対立しがちになるだろう。

そこで、大本営・参謀本部のトップである参謀総長（初代・有栖川宮熾仁親王）を大本営の最高責任者に充てた。トップに皇族を起用することでお互いの気持ちを抑制する緩衝材となることを期待されたのである。

しかし、陸軍の長を大本営のナンバーワンにするということは、大本営・軍令部トップの軍令部長は参謀総長の下に位置し、参謀本部次長と同格、つまり格下扱いの位置付けということになる。当然、海軍はおもしろくない。

このあたりの事情も、明治維新から連なる派閥問題と合わせて、太平洋戦争時の陸・海軍の関係がよりギクシャクする要因となったところだ。

●日本初となる外国との武力衝突

1894年（明治27年）、遂に日本は清国との戦争に突入した。清との戦争に発展した理由はロシアと朝鮮である。

ロシアは幕末ごろから領地を南に拡大する方針（南下政策）を取り、この時期になると朝鮮半島への進出も目論んでいた。そうなると日本としては朝鮮を清から独立させ、ロシアの脅威を取り払いたい。そこであの手この手で朝鮮に執拗に圧力をかけた結果、朝鮮国内で「壬午《じんご》事変」と「甲申《こうしん》政変」という二つのクーデターが勃発した。日本が関与していたこのクーデターにより清との軍事的緊張感を増大し、「日清戦争」へと発展していったのである。

この戦争により同年6月5日に参謀本部に大本営が設置された。主要メンバーは、大本営・参謀総長の有栖川宮熾仁親王、軍令部長・中《なか》牟《む》田《た》倉之助《くらのすけ》、陸軍大臣・大山《おおやま》巌《いわお》、海軍大臣・西郷従道らである。

また、政治戦略と軍事戦略の間に齟齬が生じる可能性を考慮して、内閣総理大臣・伊藤博文や陸《む》奥《つ》宗光《むねみつ》外務大臣を作戦会議（大本営・御前会議）に出席させるような措置を取った。これは明治天皇が直接働きかけたことで、政府と軍の間に大きな矛盾や行き違いが生じないような配慮だった。

日清戦争における初期の陸戦「平壌の戦い」
（水野年方画）

なお、「御前会議」とは重要な国策を決める際に天皇も出席して行われた合同会議のことで、ほかには天皇を輔佐する元老、閣僚、軍部首脳が出席する。法制上の規定はないが、御前会議は形を変えた大本営と言えるものである。

この時、明治天皇は戦争を指揮するために広島へ移り、これに伴い大本営も広島城へ移転した。距離的にも戦地に近づいたこの地で、明治天皇は戦争終結までの半年以上を精力的に指揮を執っている。

広島大本営の建物（『明治の日本』吉川弘文館より）

広島が選ばれた理由は、鉄道（山陽鉄道）が開通していた最西端であったことによる。また、近くに港（宇品《うじな》港）があるので、利便性を考えてのことである。西日本の中心地でもあり、戦地・清国からも近いので指揮を執る大本営を設置するのには最適であった。

この時の大本営は、広島城本丸跡にあった第五師団司令部の庁舎が設置場所となり、日清戦争時の約７ヶ月間、明治天皇は皇居を離れこの地に滞在した。このため、１８９４年10月に行われた帝国会議は、広島の西練兵場に臨時の議事堂を設置して行われるなど、一時的に首都機能も移転している。

●大本営が機能した日清戦争

日本軍は次々と勝利を積み重ね、大本営は初めてとなる対外国との本格的な近代的武力衝突で大勝利を収めた。その戦果として遼東《りょうとう》半島や台湾を獲得するなど、欧米の列強国に近づくことができた。

では、日清戦争を手短に紐解いてみよう。

日清戦争における大本営の基本戦略は短期決戦だった。清が大軍を動員する前に清国北洋艦隊を撃破し、制海権を確保した後、大部隊を朝鮮半島に上陸させ北京まで一気に攻めるという作戦である。ところが、敵艦隊は本国の主要軍港から出てこず、制海権を握ることができなくなったので、まずは朝鮮半島を掌握し、そこから北上して清を目指すという長期計画に戦略をシフトした。

広島に設置された大本営へ向かう明治天皇

この戦略が功を奏したのか、日清戦争の口火となった「豊島《ほうとう》沖海戦」「平壌《ピョンヤン》攻略」、さらに遼東半島での「旅順《りよじゅん》攻略戦」、山東半島における「威海衛《いかいえい》の戦い」と破竹の快進撃で、清の要所を次々と攻略していく。

いよいよ首都・北京を残すのみとなった段で、清は講和に向けた交渉を要望。朝鮮の独立を認めること、遼東半島・台湾・澎湖《ほうこ》島を日本に割譲すること、賠償金として銀二億両を支払うことを条件にした講和・下関条約が1895年（明治28年）に調印され、日清戦争は終結したのである。

大本営は日清戦争が終わった後も、講和条約で割与された台湾の機構整備などの戦後処理のために広島にとどまり、1896年（明治29年）に解散した。

この戦争の勝因についての有力な言説として日清両軍の士気の違いが挙げられる。日本軍は国軍としてきちんと整備され、大本営が中心となった指揮系統によって作戦が効果的に実行されたことも大きかった。日清戦争において、大本営が軍令の中心となり、陸・海両軍における作戦内容やその指揮、特に陸軍と海軍の連携においてはおおむね円滑に進行できたことは間違いない。

先に述べたように大本営の作戦は、清国北洋艦隊を排除し、黄海《こうかい》および渤海《ぼっかい》湾の制海権獲得を目指すことから始まった。それに成功すれば陸軍主力を輸送し、清国本土で野戦を展開する。

もし、渤海の制海権を得られない場合でも、日本近海を敵に制圧されなければ、陸軍主力を韓国に進出させて、とりあえず朝鮮半島を抑える。そして、清国近海およびに日本近海の制海権を失った場合には、日本国内を防御して敵の襲来に備えるといった基本方針を打ち出していた。二段構えの作戦計画を取り、第一段の結果を待ってさらに三つのパターンを想定した用意周到な堅実計画だ。

日清戦争における日本軍は、この基本計画をもとに臨機応変に対応して、作戦計画に近い戦況で戦争が推移していったのである。時には、大本営・軍令部のトップだった樺《かば》山資紀《やますけのり》が自ら最前線に赴き、連合艦隊司令長官・伊東祐亨《いとうすけゆき》に進言も行った。さらに、平壌にいた陸軍の元へも立ち寄り、海軍の戦況を報告すると同時に陸軍の状況も把握し、今後執るべき作戦について話し合っている。大本営・軍令部と連合艦隊、さらに陸軍と海軍という組織を横断した連携、協力姿勢が示されている一例だろう。

また、明治天皇によって文武一致が強調されたことも見逃せない。現政府内でなかなか意見を言いづらい存在だった山県有朋と出兵前に会談し、文官武官の連携や大本営の指示に従うことなどを説いたという。

ちなみに、明治天皇は日清戦争の準備として大型戦艦二隻（富士型）の建造費（総額180万円）を私財から捻出した。都心の一軒家が1000円ほどの価格であった時代である。

●初の対外戦争で大勝利を収めるも……

結果として日清戦争を勝利に導き、役割をきちんと果たした大本営ではあるが、問題がまったくなかったわけではなかった。それを象徴する出来事が山県有朋第一軍司令官の「独断専行」である。

早期戦争終結のために清軍主力との決戦（直隷《ちょくれい》平野の決戦）を急いでいた山県は、戦争の中盤で大本営の命令を無視した。これを規律違反とみなした大本営の上層部は即時解任を決断し、病気を理由に山県の軍司令官の職を罷免したのである。山県解任の判断を下したのは参謀次長・川上操六《かわかみそうろく》だ。この解任劇は大本営の役割が適切に機能していたことを示すものだろう。

この罷免を受け、日本に帰った山県は川上を呼びつけ、「よくも伊藤総理の要求に追随して、この自分を解任させたな」と恫喝した。しかし、川上は「伊藤総理から求められて新作戦の構想をやったのではなく、私が（参謀）次長として最も正しい作戦と確信して、これを（参謀）総長に申し上げたのでありまして、私の作戦のどこに間違いがありますか」と毅然と言い放ったという。

つまり、天皇に直属し、軍や内閣の意向、政治的圧力に影響を受けない独立した軍令機関である大本営に所属する一員として、その任務を全うしただけだ、と正論を吐いたのだ。

このエピソードにこそ、大本営の本来的な機能の意味と理想の実現、そして日清戦争の勝因が表れているのではないだろうか。

04 変化する世界情勢と軍部の性格
――日本軍の勝利で手にした列強への仲間入り

●結実した日本の近代化とそれでも変わらない世界の壁

日本は海を越えた大規模な軍事衝突である日清戦争を勝利で収めたが、清の領土分割を目論んでいた列強各国、特にロシアが主導となったフランス・ドイツの三国が条約内容の改正（遼東半島の返還）を日本に迫ってきた。俗にいう「三国干渉」である。

この三国干渉を大義名分に、ロシアは南下政策を強硬に推し進める。清との密約から満州進出、さらには韓国にまでその手を伸ばし、南下政策という名の東アジア侵略を進めてきたのだ。列強国に食い物にされた清国内ではクーデター（北清事変）が勃発するが、清国に利権を持つ列強国が大量に兵を清に派兵。外敵を排除しようと決起したら、それぞれの国がこぞって武力を集結させるという冗談のような悪循環に陥ったのだ。

もちろん、日本も清と因縁浅からぬ立場ゆえに、大本営・参謀本部第二部長の福島安《ふくしまやす》正《まさ》や参謀本部次長の寺内正毅《てらうちまさたけ》を指揮官とする軍隊を派遣した。

この北清事変で陸軍の第五師団を派兵したわけであるが、戦争ではないので大本営は置かれていない。そうすると北清事変で動員した軍隊については、指揮命令系統に関する明確な規定がなされておらず、各部隊が曖昧に動いているような状況があった。

そこで、大本営が設置されていない間の作戦命令、その命令に付随する細かな事項は、参謀総長に任せるような規定が設けられた。これにより参謀総長は、臨機応変に統帥権を活用できるようになったのである。この規定は軍隊の指揮命令が現場主義的になる端緒であり、統帥権が一人歩きするきっかけになった出来事とも言えよう。

ちなみに、大本営・参謀本部と軍令部は、大本営の中心となる組織であるが、すでに述べたように戦時でないと大本営という組織自体は設置されないので、この時期に組織の名称に「大本営」と付けることは正確ではない。しかしながら、大本営の特殊性を含め読者にわかりやすくするために、これ以降、時期を問わず各軍部組織に「大本営」を付け加えることを承知いただきたい。

１９０３年（明治36年）には大本営条例が改正され、陸・海両軍のトップ（大本営・参謀総長と大本営・軍令部長）が共同で幕僚長《ばくりょうちょう》を担うことが決定した。ただ、両者の意見が対立して組織が割れることがないように、参議組織（軍事参議官）を設ける措置も取られている。この組織は軍事に対する天皇の諮問機関で、陸・海両軍の意見を調整する役割があった。

●二度目の対外戦争と大本営の再設置

事態は風雲急を告げる。日本は1904年（明治37年）2月6日にロシアとの国交断絶を通告し、2日後には旅順港へ奇襲を展開した。「日露戦争」の始まりである。日清戦争で大本営が解散してからわずか8年後、日本は再び戦争状態となった。同月11日に大本営動員の命令が下り、13日には大本営設置が完了。大本営は宮中（皇居）に置かれ、参謀本部と軍令部は従来の場所で執務しながら、必要のある時は宮中に集まって会議が行われることとなった。

戦地に近い場所に大本営を設置しなかったのは、日進月歩の科学技術によって通信・交通も十分な発達を見せ、東京を離れる必要がなかったからである。ただ、日露戦争が進んでいく中で、大本営を戦地と本国で分置しようとする計画もあった。大本営・参謀本部主導で発案されたこの目論みは、大総督府、大司令部と指揮命令組織としてスケールダウンし、結局は高等司令部という役割を持つ「満州軍総司令部」として編成されるにいたった。

さて、日露戦争における大本営の基本戦略は、まず韓国を占領。しかる後に満州を主戦場とするロシアへの進出である。この戦略において、山々に囲まれる地の利を活かした要塞・旅順という場所が勝敗を左右する重要な拠点となる。ここは満州派兵に伴う兵員・武器・弾薬の輸送路だった。

さらにロシアが誇る「バルチック艦隊」の存在があった。当時、世界最強と謳われたこの艦隊が日本に接近してくれば、旅順にいる艦隊と二つを相手にしなければならなくなる。そのため日本としては何としても早急に旅順を攻略する必要があったのだ。

まずは海軍による旅順攻略作戦が展開された。港外への奇襲と合わせて、船を沈めて旅順港の狭い出口を塞ぎ、戦艦の出入りを不能にして無力化しようという作戦である。しかし、この作戦は三度も失敗に終わり、大本営は乃木希典《のぎまれすけ》を司令官とする第三軍を新たに編成して、旅順攻略を命じた。

第三軍は現有する砲兵火力のすべてを使い、二度にわたる総攻撃を展開したが、約6万人の死傷者を出しながらわずかな戦果をあげることしかできず、総攻撃作戦を中止している。

ここで、攻撃目標を旅順そのものではなく、「203高地」と呼ばれる丘陵に変更した。近くの高台を占拠し、頭上から旅順港に向けて重砲砲撃を展開するという意図である。これが世に言う「２０３高地攻略作戦」だ。

この旅順から２０３高地の戦いを巡る作戦指揮は、混乱の極みにあった。旅順攻略を急いでいた大本営は、第三軍の強襲作戦に時間がかかると反対し、準備も整わないうちから攻めろとはやし立てたかと思えば、海軍に同調して２０３高地を攻めろと執拗に打診し、最終的には御前会議で天皇の勅諭まで取り付けた。

一方、戦地に陣を張る満州総司令部は第三軍を支持。参謀総長の大山巌（この時は満州軍に属する）や満州軍総参謀長の児玉《こだま》源《げん》太郎《たろう》は、旅順の東北方面の攻撃に同意していた。

ちなみに第三軍は満州軍に従属し、大本営の管轄にはなかった。こうしたそれぞれの組織の立場の曖昧さや指揮系統の複雑化、個々の主導権争いなどが混乱をもたらす要因となっていたのである。

さて、この２０３高地攻略は、凄惨を極めた激戦で知られている。「白兵突撃」と呼ばれる歩兵による

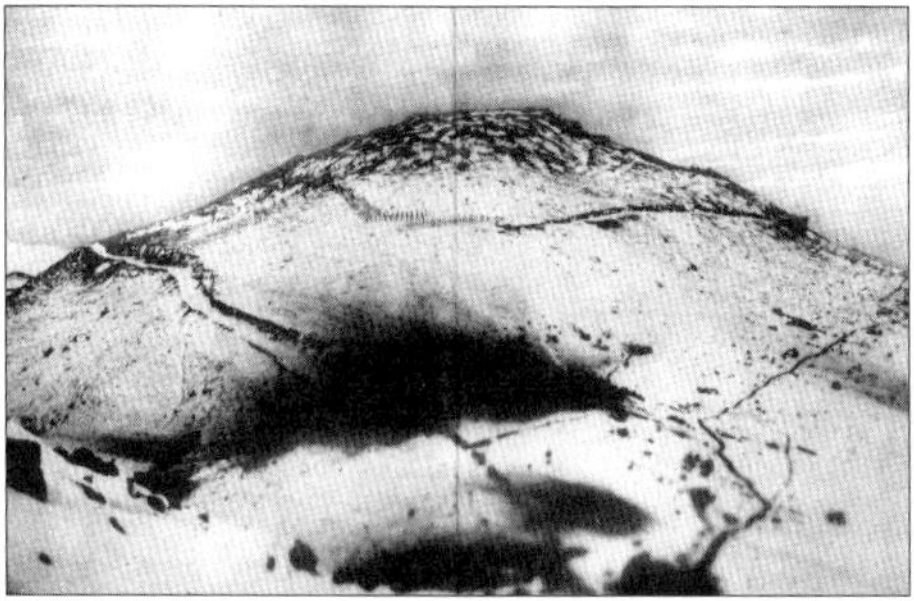

日露戦争における激戦の舞台となった203高地

白兵突撃を行った白襷隊（しろだすきだい）

強行攻撃を執拗に繰り返し、約1万７０００名が屍《しかばね》と化した。この結果に一部では指揮官の乃木を無策無能と揶揄する声もある。一方で歩兵による突撃は要塞攻めの常道であり、「歩兵の突撃だけが塹壕を突破できる唯一の方法だった」（『旅順攻防戦の真実――乃木司令部は無能ではなかった』別宮暖朗著／PHP文庫）とする向きもある。

問題は事実と結果だけが一人歩きし、理屈を知らない後世の人間に都合のいいように歪曲されて「白兵突撃」が使われたことだろう。

重ねて言うと、白兵突撃はあくまでも「要塞を攻略する」「塹壕戦」などに限定された定石だ。後の太平洋戦争で大本営や参謀官は、決死の突撃をことあるごとに強要することとなったが、その根拠は犠牲を被りながら決死の突撃を繰り返して成功した２０３高地攻略作戦が生んだ悪しき慣習にある。

ともあれ、２０３高地攻略から旅順の占領が果たされ、続く日本兵約24万、ロシア兵約36万という当時の史上最大規模で戦闘が繰り広げられた「奉天《ほうてん》会戦」、東郷平八郎《とうごうへいはちろう》率いる連合艦隊と世界最強の誉れ高い「バルチック艦隊」とが激突した「日本海海戦」と大きな戦闘で勝利を収めることで大きなアドバンテージを得ることができた。

こうして日露戦争は、日本軍が有利なまま1905年（明治38年）にポーツマス条約が結ばれて終結。大航海時代以降初めて有色人種の国が白人国家に勝利した。この勝利が富国強兵や近代化といった幕末から続く日本の革新が国際的なレベルに達した節目となったのである。

しかしながら、両国が多大な犠牲を払う消耗戦の様相を呈したこの戦争は、形の上では勝利となったが、賠償金の放棄や樺太からの一部撤退など譲歩する面も多かった。

●戦争の勝利で強化されていった大本営

度重なる戦争の勝利から自信と報酬を得た日本軍は、軍拡路線を継承し、より一層の軍備強化に邁進していく。では、軍拡路線が進んだことでどうなったか。五大国の一員として日本政府および大本営は、ロシアのみならずアメリカ・フランスなど多くの国を敵視するようになっていったのである。しかも今までのように守りに重点をおかず、積極的に打って出る方策の「帝国国防方針」を決定するなど、欧米列強と肩を並べるために日本が必死になっていたことが見て取れるだろう。

同時に内閣や議会を通さずに軍が統帥するための規則となる「軍令」が1907年（明治40年）に制定された。この法令は、軍の命令（軍令）を含めた勅命には内閣総理大臣のサインが必要と規定された「公式令」に対するカウンターとして効果を発揮する。

明治憲法の十一条に謳われている「軍の命令は天皇の大権であり、直属する陸軍・参謀本部や海軍・軍令部から発令されるべきもの」という文言を盾にとり、例外措置として、軍の命令＝統帥権に関わる事案については特別な法令を設け、そこで規定しようという動きである。

また、大本営・参謀本部の権限も強化する動きが活発になる。大物政治家や政党の影響を受けないように、陸・海軍の大臣を「現役」武官に限定した。さらに兵の動員計画や国内治安のための兵力使用など、従来なら軍政を司る陸軍省が処理すべき多くの権限を大本営・参謀本部に移し、陸軍大臣の持つ優越的役割を大本営の参謀総長へスライドさせている。

大本営は日露戦争が終わった時点で解散していたが、二度に及ぶ戦争の勝利によって権力の強化が着々と行われていたのだ。

●軍部と大本営のゴリ押しが日本を揺るがす

さて、第一次世界大戦後の世界秩序は軍縮を迎える。戦争によって疲弊したヨーロッパ各国の経済的な負担と国際的な緊張を緩和するためである。1922年（大正11年）と1930年（昭和5年）の2度にわたる軍縮会議で、日本は保持戦力に大幅な制限を加えられることになった。

だが、欧米諸国に比べて不利な制限を余儀なくされたこの流れに黙っていられなかったのが海軍だ。大本営・軍令部長の加藤寛治《かとうひろはる》を筆頭に猛反発したが、時の内閣総理大臣・浜口雄幸《はまぐちおさち》は、条約は政治的な案件であり、軍令部がとやかく言う問題ではないとして、軍縮を推進する。これがロンドン海軍軍縮条約である。

暗殺された第27代
内閣総理大臣・浜口雄幸

対する海軍司令部の主張は、軍の規模に関する条約に勝手に調印したことは統帥権の干犯《かんぱん》だというもの。明治憲法の「天皇ハ陸海軍ノ編制及常備兵額ヲ定ム」、つまりは軍隊の数は天皇が決めると規定されているので憲法違反だと主張した。このよ

更迭された末次信正

うな海軍の内閣批判に野党である政友会が呼応。現政権打倒のため、内閣を糾弾するための政争の具として利用したのだ。

結局、浜口首相が加藤と大本営・軍令部次長の末次信正《すえつぐのぶまさ》を更迭することで事態の収束を図り、条約の批准を終えた……かのように思えた。だが、一連の騒動は意外な最終決着を見る。浜口が右翼の過激派に暗殺されたのである。

この一件は、統帥権を盾に軍部や大本営が政治に混乱を招く伏線になった転機であった。以降は幾度となく軍部の暴走が発生し、時の為政者たる内閣はこれを抑えられなくなっていく。

05 凶兆・関東軍の跋扈
――満州を舞台にした軍部の暴走

●軍を牛耳る黒幕組織が暗躍

1926年（昭和元年）、日本は名実ともに新たな激動の時代へと突入した。「昭和」の始まりである。ここから先、日本は転がる石のように「日中戦争」、そして「太平洋戦争」へと突き進んでいく。その中心にいたのが大本営であり、太平洋戦争中に良くも悪くも頭角を現す軍人たちが、この時代から蠢動《しゆんどう》していた。

その例となる陸軍の人物を挙げてみよう。東條英機、石原莞爾《いしはらかんじ》、武藤章《むとうあきら》、田中新一《たなかしんいち》。太平洋戦争の大本営を語る上で欠かせない人物の名を連ねてみたが、彼らは昭和初期に発足したある会合に所属していたことをご存知だろうか。

「一夕会《いつせきかい》」。将来を嘱望されたエリート軍人による寄り合い所帯で、昭和陸軍の基本構想、つまり太平洋戦争で大本営が打ち立てた戦略・作戦の元となる思想を共有していたグループである。

具体的に一夕会の構想にはどういったものがあったか？　それは、この先には国力のすべてを注ぎ込む総力戦となる世界規模の戦争が起こりうるという予見から、土地も資源もない日本は外に活路を見出すほかに方法がないと結論づけ、その解決法として広大で肥沃な上に地下資源も豊富な満州を占領しようとする構想である。

こうして一夕会の構想を一文に記すと、太平洋戦争の発端となった「一部の軍部が暴走」に帰着するかのように思える。確かに「一部の軍部」とは「一夕会のエリート軍人」を指すこともあるが、誤解を恐れず言うとすべての責任を彼らに押しつけるのはいささか乱暴だろう。

太平洋戦争を読み解く上で意外と欠けている視点に、当時の世界情勢がある。軍縮会議を推進しながら帝国主義の思想も色濃く残していた世界情勢下で、日本は日清、日露、第一次世界大戦を経て急速に近代化を推し進め、世界でも有数の大国に成長していた。もちろんその過程には、日清戦争後の三国干渉や日露戦争などの多大な犠牲を払い、他国とのパワーゲームでしのぎを削ってきた歴史がある。

当時の世界情勢から言うと、近代化していた先進国がパワーゲームから無条件に降りて他国に屈するといった考え方はないに等しい。つまり、一夕会には、日本軍誕生から動いてきた時計の針を止めたり、戻したりしないためにする方法論の一つに満州進出があったのだ。

●日中戦線泥沼の一歩目

前述した一夕会の思想は、「満州事変」と繋がる。その主役は関東軍だ。

日露戦争後のポーツマス条約によって、南満州鉄道（満鉄）を守備するために「関東軍」がつくられた。関東軍は、軍の出先機関となる組織で、日本から遠く離れた満州という地理的条件もあり、現場でさまざまな判断を委ねられる事案が多くあった。それをいいことに次第に指揮系統を逸脱するような過ぎた行動、独断専行を取るようになっていったのは想像に難くない。

その象徴的事件が「張作霖《ちょうさくりん》爆殺事件」だ。関東軍は中国側による爆破事件をでっち上げ、居留民保護の目的で満州に軍を派兵しようという計画を実行に移したのである。早々に関東軍の関与が露見したが、事件は単独実行犯であると処理され、犯人の関東軍・河本大作《こうもとだいさく》参謀は軍事裁判にもかけられずに、予備役編入や停職という形式的な行政処分で済んでいる。一軍隊が勝手に戦争を始めるような騒ぎを起こしたにもかかわらず、である。

無論、日本国内の至るところで真相究明を求める声が上がった。だが、大本営・参

張作霖爆殺事件で破壊された車両

謀本部は「事実を公表すれば事態の悪化は免れない」といった脅し文句で猛反発し、軍の威光が失墜しかねないと組織ぐるみで庇い立て、真相をうやむやにしている。

また、この事件で厳正に処分すると昭和天皇にも話していた内閣総理大臣の田中《たなか》義一《ぎいち》は、「犯人不明のまま責任者の行政処分のみを実施する」という幕引きを行った。要はうやむやにするということである。その旨を昭和天皇に伝えた時、天皇は激しい怒りを露わにし、こう言い放ったという。

「それでは前と話が違うではないか。辞表を出してはどうか」

1990年に『文藝春秋』で発表された「昭和天皇独白録」に、この時の生々しい描写が克明に描かれている。しかし、立憲君主制を重んじていた昭和天皇は、立場をわきまえなかったこの振る舞いを反省し、この事件の後に政府や軍部の説明に対して異議を挟むことを控えるようになる。結果として一連の騒動は、軍に対する最高最大の暴走抑止手段だった天皇に足かせをはめる出来事となってしまったのだ。

●陸軍の暴走

関東軍、もっと言えば一夕会の構想が実行に移される。1931年（昭和6年）、関東軍による満州への武力行動、「満州事変」が勃発。南満州鉄道の線路の一部が爆破された事件を中国軍による犯行だと仕立て上げ、関東軍が奉天城を攻撃・制圧した。その余勢を駆って周辺地区へ次々と進軍し続け、5ヵ月後には満州全土を掌握している。

この事件の中心にいたのは関東軍作戦参謀・石原と関東軍高級参謀・板垣征四郎《いたがきせいしろう》である。二人は共に一夕会。前述の軍事的満州占領計画である。この満州事変は、政府や大本営が関与していない関東軍による一方的な侵略行為で、本来なら大本営・参謀本部の決定なしに起こした派兵行為など断固として許されないはずである。実際に、陸軍大臣（南次郎《みなみじろう》）・参謀総長（金谷範三《かなやはんぞう》）・教育総監（武藤信義《むとうのぶよし》）という陸軍のトップが集まる陸軍三長官会議においても、これ以上に戦線を拡大させない方針を決定した。

それにもかかわらず、満州を侵略する結果になったのはなぜか？

それは明治維新から連なる古い思想や考え方に囚われた軍の上層部を一掃しようと考

満州事変の中心にいた石原莞爾（左）と板垣征四郎（右）

えていた一夕会が、軍部課支那班長の鈴木《すずき》貞一《ていいち》、大本営・参謀本部動員課長の東條英機、大本営・参謀本部作戦課兵站《へいたん》班長の武藤章などが陸軍の主要なポストを掌握するために水面下で暗躍したことが大きい。実際に多くの会員を重要な実務のポストに送り込むことに成功し、満州事変に関して、陸軍中枢部から容認される流れをつくっていたのである。

一夕会が陸軍に多大な影響力を及ぼすようになったことは、同時に大本営（参謀本部・軍令部）を含めた軍部中央組織の統制力が弱体化したことを意味していた。現地軍が独断専行して既成事実をつくり、陸軍中央がこれを追認して事態が進むパターンが形づくられたのだ。

ここに大本営・参謀本部の複雑さが垣間見える。政府や内閣、時には天皇に対しても強烈なイニシアチブを発揮したように、外に対しては圧倒的な影響力を持つ軍部並びに大本営ではあったが、一方で現場の下克上が成功すれば問題にならないといったような事後正当化、指揮権（統帥権）の行き過ぎた解釈や乱用など、さまざまな要因によって必ずしも軍を掌握しているとは言えなかったのである。

満州の首都新京に置かれた関東軍司令部

こうして関東軍によって満洲は制圧されたが、さすがに関東軍が満州を直接統治するには諸外国や大本営・参謀本部、陸軍省などの国内外から強い反発があったので、「満州国」という独立した国家を建国し、実質的に関東軍が実権を握る傀儡政権を樹立させた。1932年（昭和7年）のことだ。

関東軍の大胆すぎる行動に、当然のことながら中国側は猛反発し、日本軍の行動を侵略行為として国際連盟に提訴。そして、翌年の国連総会では満州における中国の主権を認め日本の占領を不当とした。この結果、日本は国際連盟からの脱退を決め、次第に世界から孤立していく。

ちなみに、一夕会はこの後、会設立の立役者・永田鉄山《ながたてつざん》と小畑敏四郎《おばたとしろう》の確執によって、陸軍を二分する勢力である統制派と皇道派の深刻な対立を生むことになった。

法的手段によって軍部中央の統制力を強化し、国家総動員態勢を築こうとした統制派と、クーデターによる国家改造計画を志向する極端な精神主義派閥である皇道派は、お互いに敵意をむき出し、権力闘争を展開した。一連の流れは、「二・二六事件」や「五・一五事件」の伏線になったのである。

06 血塗られた軍の暗部

――軍部の狂気に歪められていく日本

●暴走が止まらない陸軍

昭和の時代に入ると、日清・日露戦争で結果を出した大本営は、政権内での発言力や影響力を急速に増大していく。そして、前項でも述べたように軍部の膨れ上がった力は暴力として爆発し、山道を下るブレーキの壊れたダンプカーのごとく暴走を始めた。

こういった流れは大本営でも同じだった。「三月事件」と言えば、軍事政権の樹立を目指したクーデター未遂として認知されているが、実はこの事件、主導していたのは大本営・参謀本部の若手たちである。

1931年に、大本営・参謀本部ロシア班長の橋本欣五郎《はしもときんごろう》をリーダーとして、陸軍大臣・宇垣一成《うがきかずしげ》をトップとする軍部政府の樹立を目指した。同年10月。満州事変勃発を受け戦況不拡大の方針を打ち出した若槻礼次郎《わかつきれいじろう》内閣を打倒するために、首相官邸・警視庁・

二・二六事件で永田町一帯を占拠した陸軍兵士

陸軍省・大本営参謀本部を襲撃する計画も持ち上がった。結果的にどちらも未遂に終わったが、立て続けに軍部内でクーデターが計画されるという極めて危うい状況があった。

こうした行動は、右翼や過激派と手を組むことも辞さない陸軍の一部の過激な集団による特殊な思想と思いきや、皇道派によって共有されたメインストリームであり、クーデターという実力行使も改革の一手段に過ぎなかった。その後、立て続けに起こった１９３２年（昭和7年）の五・一五事件と１９３６年（昭和11年）の二・二六事件といった有名なクーデター事件がその証左となる。

また、この二つの事件の間に、皇道派のリーダーである教育総監・真崎甚三郎《まさきじんざぶろう》を更迭した報復として統制派のトップである陸軍省軍務局長・永田鉄山を軍部省内で白昼堂々殺害する「相沢事件」が発生するなど、陸軍は明らかに異常な事態となっていたのだ。

このような、軍部による直接的な剥き出しの暴力に政府は怯え、「陸軍に逆らったら殺されるのではないか？」「再びクーデターを起こされるのでは？」というような恐怖感を植え付けられたのは当然だろう。

現にそれからの内閣は、陸・海両軍の意向を汲み取るような配慮を繰り返し、軍部の圧力に屈するようになるのであった。具体的には、広田弘毅《ひろたこうき》内閣の組閣人事に露骨な介入、海軍出身者をゴリ押しで内閣総理大臣にする（斎藤実内閣）などの横暴を受け入れている。

それでも長びく不況に疲弊する国民が、軍主体の国政に期待した事実も見逃せない。

●大本営の混乱と中国戦線

さて、こちらも予断を許さない中国周辺に再び目を向けよう。１９３４年（昭和９年）ごろは、満州を占領した関東軍と、それに抗う中国軍との衝突（抗日運動）が日常茶飯事に起きていた。こうして日中両国間の緊張が高まるなか、１９３７（昭和12年）年に起こった「盧溝橋《ろこうきょう》事件」を引き金に全面的な戦争へと発展していく。これがいわゆる「日中戦争」だ。

日中戦争が侵略戦争かどうかについては、さまざまな議論がある。ただ、確かなことは、「昭和11年度北支那占領地統治計画」「昭和12年度帝国陸軍作戦計画要領」などの資料か

国民党軍を率いた蒋介石

らわかる通り、当初から陸軍および大本営には中国・華北地方の占領を視野に入れた軍事戦略が既定路線として存在したことだ。

一方で、当時の大本営・参謀本部第一部(作戦)部長であった石原莞爾を中心に、不拡大を唱え事態の収拾を図ろうという反対派勢力の存在もあった。

だが、石原の部下である作戦課長の武藤章や彼と同期であった軍務局軍事課長の田中新一ら強硬派に押し切られる形で大本営・参謀本部の論調は主戦論が主流となった。

しかしながら、主戦派には確固たる理念や戦略があったわけではない。日中戦争が不毛であり、不幸であった理由がここにある。戦線拡大を決定した強硬派、特に武藤にはそもそも本格的に戦争を始める気はなかったと言われている。武藤は中国・国民党軍の総司令官であった蒋介石《しょうかいせき》が日本と戦争をする気がないという読みから、華北に一撃を加えれば決着がつく(中国一撃論)と考えていたという。

ところが、中国側・蒋介石に日本軍の勝手な思惑が通用するとは限らない。蒋介石は国のアイデンティティとも言える華北地域を他国に譲るわけにはいかないとの並々ならぬ決意を持っていたからだ。そして1937年7月、中国の覇権を争っていた国民党軍と共産党軍は、日本に対抗するために手を結び、日本軍に抗戦することとなった。

長い日中戦争の幕開けである。こうして日本軍は広大な中国を舞台に大規模な戦争へとなだれこんだ。太平洋上での激戦の影に隠れがちなこの日中戦争、最終的な日本軍の犠牲者数は44万とも45万とも言われている。

第二章 ― 混迷と孤立、そして深まる日米の対立

07 大本営と周辺組織図、そして統帥権

――軍部の暴走や混乱は起こるべくして起こった!?

●大本営は陸・海軍における作戦指導部門の合体組織

関東軍の暴走に始まり、中国大陸のさまざまな場所で終わりの見えない戦いとなった日中戦争。この戦いは本来、宣戦布告のない「事変」に分類されるもので、戦時に限定される大本営の設置条項を満たすことができないものである。しかし、軍事衝突が長期化・拡大化するにあたって、事変でも必要に応じて大本営を設けることができる「大本営令」が考案され、1937年に制定された。この時に設置された大本営が太平洋戦争終戦まで指揮を執り続けた。

ここからいよいよ太平洋戦争へと向かっていくが、戦線の拡大に伴う出先機関の増大など、日本軍の組織の構造はますます複雑化する。そこで、改めて昭和における大本営の基本的な組織図とその役割を整理したい。

まずは天皇を頂点に大本営・陸軍省・海軍省・元帥府・軍事参議院・侍従武官府といった軍務組織がぶら下がっている。これらは「天皇の直属としてその役割を助ける（輔《ほ》弼《ひつ》）」機関にあたる。

では、本書の命題にもなっている「大本営」の詳細な編制を見てみよう。大きく陸軍部と海軍部に分かれ、前者が大本営・参謀本部、後者が大本営・軍令部となる。

まず、大本営・参謀本部の組織構成を見てみよう。参謀総長をトップに、参謀次長・兵站総監（軍需品・食料の提供・補給）・総務部・第一部（作戦）・第二部（情報）・第三部（運輸通信）・第十八班（無線諜報）といったメインとなる軍令を担う実務部隊からなっている。また、「大本営発表」で知られる戦況の公式発表を担当する報道部や、戦争の資料をまとめる第四部（戦史）、副官部、陸軍管理部などのセクションがあった。

大本営・参謀本部に門標をかける
（写真提供：朝日新聞社）

これら大本営・参謀本部の中でも、特に注目したいのは第一部の作戦課（第二課）だ。作戦課課長をトップに作戦班、戦力班、航空班、戦争指導班、防衛班といった陣容である。陸軍大学で5番以内の卒業成績でしか入れないと言われる超エリート集団であるこの作戦課は、参謀本部内において圧倒的な影響力を持ち、太平洋戦争の重要な局面で無謀な作戦内容、強引な作戦指導を行った組織だ。

圧倒的な権力を保持した背景として、太平洋戦争直前に作戦課班長として就任した服《はっ》部卓四郎《とりたくしろう》や作戦課兵站班長に任命された辻政信《つじまさのぶ》の存在があった。この二人は陸軍に初めての大敗を負わせた「ノモンハン事件」の首謀者であり、太平洋戦争における「愚将」の代表格として真っ先に名前が挙がるほどの悪名高い人物たちだ。

この時期に確固たる地位や権力を持っていなかった服部の背後には一夕会があり、統制派の繋がりがあった。服部の後ろには、作戦課作戦部長の田中新一や時の陸軍大臣であった東條英機らが控えていたのである。大本営・参謀本部の作戦課が特別な存在になっていったことは、日中戦争前後を境にして、組織の人間関係が合理性や正当性よりも上に置かれていたことを示している。

一方の大本営・軍令部は、指揮系統を司る軍令部の軍令部部長を頂点に、軍令部次長・第一部（作戦）・第二部（軍備）・第三部（情報）・海軍通信部・特務班（無線課報）・副官部・海軍報道部・海軍戦備考査部で構成される。そして、第一部には第一課（作戦）・

第二課（防衛）・第十二課（海上護衛）などのセクションが付随している。

基本的な構造や各所の役割は陸軍と同じだが、海軍と言えば「連合艦隊」を真っ先にイメージするだろう。有事の際は戦力の最前線で活躍する海軍の象徴であり、総括する連合艦隊司令長官には優秀な人材が集中した花形セクションだ。

実際に日清戦争の伊東祐亨、日露戦争の東郷平八郎、太平洋戦争開戦時の山本五十六《やまもといそろく》など、人気・知名度・実力と三拍子揃った実績のある人物たちがその任に就いている。

そして、当然のように連合艦隊司令長官は海軍内における権威も高まり、大本営・軍令部や海軍省に対しても押し出しの強さを発揮していく。終戦間際ともなると、海軍の全部隊を指揮する権限を持つまでになったのだ。

詳しくは後述するが、連合艦隊の存在が指揮系統やそれぞれの機関の上下関係を複雑にし、太平洋戦争中は陸軍以上に作戦命令の徹底が行き届かなかった事実がある。従来、連合艦隊は「出先機関」「最前線部隊」として、戦局や戦果の状況に合わせて組織されたものであり、指揮権や人事権（将官クラス）は大本営にあった。しかし、戦時においては逐一本部の判断を仰がずとも、現場のトップに指揮権が委ねられ、現場の判断に任せるような自由な裁量を与えられることが多かったのだ。

●大本営の組織図

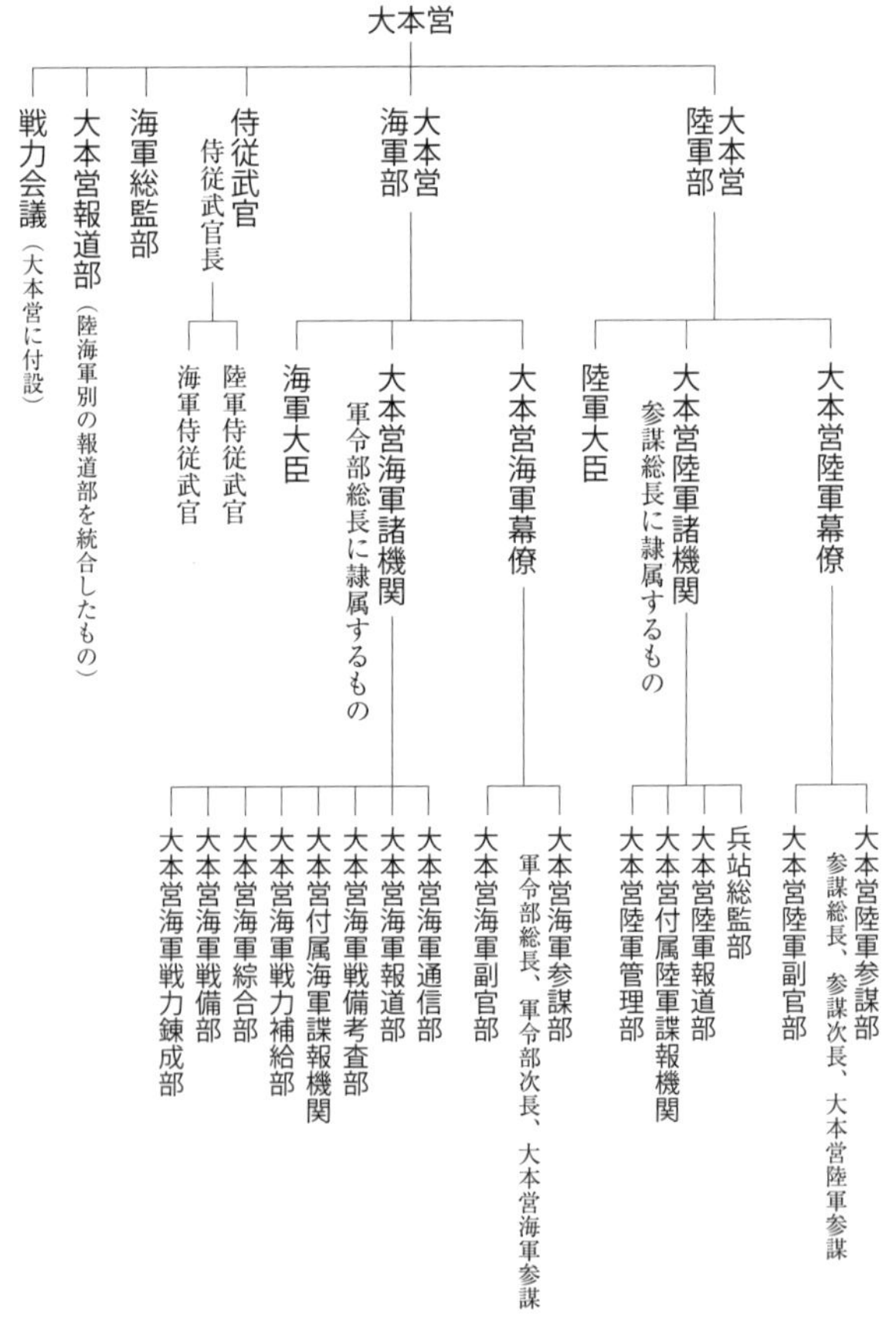
大本営
大本営陸軍部
大本営海軍部
侍従武官
侍従武官長
海軍総監部
大本営報道部（陸海軍別の報道部を統合したもの）
戦力会議（大本営に付設）
大本営陸軍幕僚
大本営陸軍諸機関
参謀総長に隷属するもの
陸軍大臣
大本営海軍幕僚
大本営海軍諸機関
軍令部総長に隷属するもの
海軍大臣
陸軍侍従武官
海軍侍従武官
大本営陸軍参謀部
参謀総長、参謀次長、大本営陸軍参謀
大本営陸軍副官部
兵站総監部
大本営陸軍報道部
大本営付属陸軍諜報機関
大本営陸軍管理部
大本営海軍参謀部
軍令部総長、軍令部次長、大本営海軍参謀
大本営海軍副官部
大本営海軍通信部
大本営海軍報道部
大本営海軍戦備考査部
大本営付属海軍諜報機関
大本営海軍戦力補給部
大本営海軍綜合部
大本営海軍戦備部
大本営海軍戦力錬成部

●軍の指揮命令と上層部が抱えた問題

繰り返しになるが、戦争中の作戦と指揮を執るのは参謀本部・軍令部を中心とした大本営である。大本営とは、軍の最高指導者である「大元帥」＝「天皇」に直属し、戦争に関する専門的な知識を持っていない天皇に代わって作戦を立案し、指令を出す組織だ。戦争の指揮系統を担う機関としては日本軍で最も高いポジションとなり、戦時における最高の意思決定機関にほかならない。

しかし、戦争は単純に戦いのことだけを考えて行動してもいられない事情もある。例えば、開戦・講和の時期やタイミングなど、戦争には日本にとって一番国益をもたらすような選択をする政治的・外交的な判断も必要である。このような判断が必要となる重要な局面で、軍部と政治が別々の方向を向かないようにするために陸・海軍大臣が大本営に組み込まれた。

ただ、よく考えてみると、大本営と陸・海軍省は根っこが同じ（武官）であり、軍隊と政治の方向性を一緒にするにはまだまだ不安が残る。そこで、太平洋戦争時には軍部と政府の主だったメンバーが集まる「大本営政府連絡会議」が発足され、国全体としての意見統一を図った組織づくりがなされている。

ちなみに、大本営は宮中（皇居）に設置されたが、メンバーは基本的に参謀本部（市ヶ

昭和天皇御前の大本営会議の様子

谷）と軍令部（霞ヶ関）で勤務をしていたので、有名無実となっていた。そこで先の大本営政府連絡会議を宮中大本営で行うことが慣例化された。

その大本営政府連絡会議であるが、本来は国全体の舵取りに関する意見統一を図るために機能するはずだった……。

しかし、それぞれの思惑や立場を慮って意見を調整することは困難を極め、結局は妥協による一貫性のない曖昧模糊とした結論になることも少なくなかった。

その問題の根幹となったのが「統帥権」だ。統帥権とは、軍の作戦や用兵を決定する最高指揮権のことで、天皇の裁量によって行使が可能となる「天皇大権」に属する。つまり、天皇の命令以外では軍隊を動かせず、立法（国会）や行政（内閣）が軍の行動に対して関与できないことを意味していた。

もっと言うと、天皇が軍に対して口を挟むことはないので、実質的に軍令機関として機能している大本営（参謀本部と軍令部）が統帥権を行使していることになる。よく考えるとおかしな話だが、このことは参謀総長や軍令部部長に与えられている「帷幄《いあく》上奏権」によって法的にも正当化されていたのだ。この帷幄上奏権とは、天皇に直接意見を申し上げ、許可を得られれば内閣・陸官軍大臣の了解をとらず作戦を実行できる権限で、つまりは天皇の代理として天皇の権限を付加した命令を下せる（奉勅《ほうちょく》命令）ことになる。

このような法理論による強固な正当性を盾にし、時にはロンドン軍縮会議における統帥権干犯問題のように内閣を揺さぶり、またある時には五・一五事件や二・二六事件のような純粋に暴力で牙を剥くなどして、大本営を含めた軍部は権力を増長させたのである。

08 陸軍の歴史的大敗～ノモンハン事件～

――葬り去られた大本営の愚行

●太平洋戦争の苦戦を暗示したソ連との軍事衝突

太平洋戦争の以前から組織として綻びを見せていた大本営。戦局が深まる中で悪名を轟かせる個人の名前が押し出される機会が増えてくるが、その筆頭とも言うべき辻政信や服部卓四郎が歴史の表舞台に登場したのがノモンハン事件だ。

満州を掌握して以降、日本はソ連と国境を隣り合わせており、国境侵犯事件が日常的に発生していた。だが、日中戦争が予想外に激化の一途をたどっていた日本に、ソ連と開戦する余力はない。国境付近におけるソ連の軍事力は、陸軍師団数が日本の約3倍、航空機が約2倍、戦車や高射砲にいたっては10倍以上とその戦力差が歴然だったからだ。

そのため大本営・参謀本部は、ロシアへの戦火をむやみに拡大しない方針を固める。だが、この弱腰の方針に待ったをかけた人物、それが関東軍参謀部の辻政信と服部卓四郎である。

ノモンハン事件の中心的人物・辻政信（左）と服部卓四郎（右）

大本営・参謀本部から関東軍の高級参謀に転属し、血気盛んで強引な一面のあった辻は現状に不満を募らせ、政府や軍上層部を無視した行動に出る。それは功名心と出世欲に駆られた個人の暴走だったと言われている。

この時の辻は、「満ソ国境紛争処理要綱」を起草している。それにはロシアとの国境において「自主的に国境線を認定する」と規定されており、つまりは「最前線の師団長が勝手に決めよ」という驚きの内容である。外交問題で話し合うべき国境線の問題を現地の司令官が勝手に判断し、そこを越えたソ連軍を排除するためには、天皇の命令がなければできないはずの軍の越境も辞さないとしたのだ。

この要綱は大本営にも報告されているが、

参謀本部は良いとも悪いとも返答せず、明確な指針を示さないでいた。そこで、関東軍は参謀本部が「認めた」と解釈して、軍事衝突を実行したのである。

●ノモンハン事件とは？

1939年（昭和14年）5月、ハルハ河手前に位置する平原地帯ノモンハン周辺での交戦をきっかけに、関東軍とソ連軍がそれぞれ兵力を派遣し、大規模な戦闘が始まった。この「ノモンハン事件」は、もはや戦争とも言えるような規模の軍事衝突である。

こうした関東軍の単独行動に驚いたのが誰あろう大本営・参謀本部だが、部内でも作戦課長・稲田正純《いなだまさずみ》や第一部長・橋本群《はしもとぐん》らは関東軍を容認する立場を取り、武力以外の解決法を模索しながらも確固たる方針を打ち出せないでいた。

その参謀本部を尻目に、辻や服部の関東軍参謀たちは再び動き始める。同年6月27日、辻を中心とした関東軍は、大本営・参謀本部の意向を完全に無視して国境から130キロも奥深く入ったソ連領の基地・タムスクへ空爆を強行。この攻撃で敵機を100機と基地の半分を破壊した関東軍は、「89式中戦車」と「95式軽戦車」を主力に新型の「95式中戦車」や1万5000人の大兵力でハルハ河西岸に進出した。

結果から先に言うと、この軍事衝突は1万人以上の陸軍兵士、戦車30両、航空機

180機を失う凄惨な損害を出して惨敗を喫している。

関東軍の動きに対して迅速だったソ連軍は、秘密裏に新型「BT－5戦車」などの精鋭部隊を派遣して、関東軍の数倍におよぶ戦力を配備したのに対し、関東軍の戦車、装甲車、速射砲や対戦車砲などの火砲の性能は、最新式のソ連軍に対して型遅れの旧式。

ハルハ河東岸の前線へ向かう日本軍戦車

例えば、関東軍の戦車がソ連軍の装甲車や対戦車砲にいとも簡単に破壊されたのに対し、関東軍が主力とした戦車は、ソ連軍戦車の装甲を貫通できない有り様。火砲も射程距離が短い上に弾薬数も不足気味だったことからその戦力差はいかんともしがたいものがあった。いくら関東軍が奮闘したところで火砲の量と質の差で、勝敗は明らかだったのだ。

また、関東軍は兵士に銃が行き渡らないような事態も起こり、ソ連軍の戦車相手に火炎瓶を投げつける肉弾戦や銃剣による白兵突撃で応戦する始末。このような時代錯誤の攻撃ではあったが、ハルハ河を舞台にした戦闘で戦車83両も破壊炎上させたと記録されている。この命を顧みない捨て身の攻撃がなまじ通用したことは、日本軍で精神論が昇華されてしまうきっかけになってしまった。

『失敗の本質――日本軍の組織論的研究』(戸部良一・寺本義也・鎌田伸一・杉之尾孝生・村井友秀・野中郁次郎著/中公文庫)によると、日本軍側の戦死者が7696名、負傷者8647名、行方不明者1021名の計1万7364名の被害であるのに対し、ソ連・外モンゴル軍の被害は戦死・負傷者合わせて1万8500名となっている。

ノモンハン事件における損害は不明瞭な部分が多いが、関東軍は一方的にやられたわけではなく、ソ連軍にも大きなダメージを与えたことは確かなようだ。

●愚劣参謀、服部卓四郎と辻政信

ノモンハン事件は日本とロシアの間で停戦が結ばれて終結したが、その後も悲劇は続く。この事件の中心人物である辻は責任を取るどころか、戦闘の敗因を現場の兵士に求め「弱兵」と罵り、前線の指揮官や捕虜として戻って来た将校たちに自決を強要させるなど暴挙に出たのだ。

そもそも関東軍は南満州鉄道をソ連から守備するためにつくられた軍の出先機関であ

り、大本営の命令に従わなくてはならない。ところが、満州事変や日中戦争の経過から見えるように、関東軍は「勝てば官軍」とばかりに大本営の意向を聞かずに独断専行を繰り返す問題児であった。

本来なら「陸軍刑法」を完全に犯した辻と服部のコンビは重刑に処せられなければならないはずだが、軍部の中央はこれを黙認。ノモンハン事件で一個師団が壊滅したという事実も、陸軍の威信に関わるとして真相は闇に葬られることとなってしまった。

それどころか、一時は要職を離れた服部はすぐに大本営の作戦班長に復帰し、太平洋開戦時には過激な開戦論者となって再起を果たしている。

もちろんそれは、事務方の官僚として上役の要望を実現する有能さを発揮したからこそであるが、服部は大本営を中心とした軍組織をうまく立ち回った。また、辻は上官に対しても過激な発言を躊躇することなく行う切り込み隊長的な性格で、上役から好かれる要素はそれほどないが、その積極果敢な姿勢は現場での人気が高く、兵士やマスコミには評判が良かったという。

それはとにかくとして、太平洋戦争の前哨戦とも言えたノモンハン事件。この戦いは、日本軍に近代戦の実態と物量戦争の怖さを余すところなく示したが、この時に得たはずの戦訓は終戦まで活かされることはなかった。

09 混迷を深める軍部と新しい世界秩序

――日本のかじ取りが眠れる獅子を目覚めさせる

●遂に動き出したアメリカ

前項までに述べた通り、満州国を誕生させて植民地としていた日本は、さらなる権益拡大や労働力を傘下に収めるために日中戦争に突入した。当時の軍事戦略は、大本営が明治末期に作成した「帝国国防方針」を踏襲し、仮想敵国は陸軍がソ連、海軍がアメリカである。

実際に極東地域で緊張が高まっていた日ソ間は、ノモンハン事件以外にも局地的な衝突が起こっており、この時点で日本が対立していたのはソ連および中国だった。

ところがこの勢力図はアメリカの存在によって一変する。中国の利権を狙っていたのは日本だけではなかったからだ。太平洋を挟んだ大国・アメリカも同じ野望を持ち、大統領のフランクリン・ルーズベルトは、中国大陸に大きな興味を持っていたという。遠く離れた中国にアメリカがこだわった理由は、東南アジアの植民地がフィリピンに留まっていたためである。

また、アメリカの直接的な狙いに、日露戦争で日本が得た南満州鉄道があった。その伏線として、1905年にアメリカの実業家で「鉄道王」と謳われたエドワード・ヘンリー・ハリマンがこの満鉄の共同経営を持ちかけている。これは国と一企業の単純な経済交渉ではない。ハリマンの息子がルーズベルトに起用されて駐ソ大使となるなど、アメリカ大統領とハリマン一家は浅からぬ関係にあったのである。

開戦時のアメリカ大統領
ルーズベルト

こういった背景からアメリカと日本による中国進出の対立構造が出来上がり、日中戦争時のアメリカは、中国へ物資支援を強めるなど対日姿勢を強めていった。

さらに、1939年7月には日米間貿易の根幹である「日米通商航海条約」の破棄を通達、翌年には工業機械を全面的に禁輸に踏み切った。石油の約7割、戦争兵器をつくる工業機械の約6割など、軍需物資の大半をアメリカから輸入していた日本は致命的な打撃を受けることになってしまった。

●アメリカとの対立軸が明確になった日本

多くの資源を輸入に頼っていた日本にとって、国際的な孤立は国家の崩壊を意味する深刻な問題であった。

このころの軍事状況を整理しよう。陸軍は日中戦争の拡大で南進しつつあったが、あくまでも仮想敵国はソ連であり、石原莞爾などが提唱した北進論を軍事戦略の基本としていた。だが、ノモンハン事件での手痛い敗北、独ソ不可侵条約などの状況によって、陸軍の中に東南アジアなどの南方に進出を行うべきとする武藤章などの南進論者が勢力を増していく。南進は東南アジアにある豊富な資源を確保する狙いもあったのだ。

そこで問題になったのが日米の摩擦と世界情勢の変化だ。南進政策はフィリピンに植民地を持つアメリカをより刺激する。しかし、ヨーロッパでドイツの快進撃が聞こえ始め、東南アジアに植民地を持つフランスなどがドイツに敗れたことは、南進論に傾きつつあった日本に都合が良い状況となったのである。

こうした世界情勢で日本がドイツと関係を強化することはアメリカへの牽制にもなる。めまぐるしく動き始めた世界情勢を背景に、南進論者たちはドイツとの軍事同盟締結を強く主張するようになったのだ。

刻々と変わる世界の勢力図。誤った判断は国益を損なうが、判断の遅れもまた命取りになる。ドイツの勢いを見て第二次近衛内閣は、1940年（昭和15年）に日独防共協定を強化する形でイタリアを加えた「日独伊三国軍事同盟」を締結。そして、翌年にはソ連と「日ソ不可侵条約」を結んだ。

日独伊三国軍事同盟締結時に
帝国ホテルで開かれた祝賀会

一連の動きに神経を尖らせていたのがアメリカで、フランクリン・ルーズベルト大統領は、日本をそれまで以上に敵視するようになる。結局、日独伊三国軍事同盟は、アメリカが第二次世界大戦へ参戦するきっかけを与え、日米の緊張感はさらに高まってしまった。

10 問題に向き合わない大本営政府連絡会議

——さまざまな思惑が曖昧な合意を生み出す

●真珠湾攻撃の1年半前に開戦が示唆されていた

太平洋戦争が勃発する1年前、日本はアメリカの経済制裁によって追い詰められていた。すぐに決着するはずだった日中戦争はまるで見通しが立たず、国際市場から締め出された日本経済は大混乱に陥る。こうした状況を政治で解決することができず、当時の日本には国全体を覆うような閉塞感が漂っていた。

八方塞がりなのは、資源不足が深刻になっていった軍部も同じである。当時、日本軍は陸・海両軍合わせて1日に1万2000トンもの石油を消費していたが、国内の備蓄は底をつく寸前までできていたという。当たり前の話だが、戦艦や戦車を動かすためには石油を必要とし、石油がなくなることは軍が機能しないことを意味する。

こうした経緯から軍部の強硬派や右翼急進派を中心に対米開戦を前提とした南進論の

気運が高まり、1940年7月27日、1938年3月以降から一時中断していた大本営政府連絡会議が第二次近衛内閣で復活した。大本営政府連絡会議とは、政府と大本営の申合せによって生れた戦争指導機構である。国務と統帥を調整する必要から設置され、政府から内閣総理大臣、外務大臣、陸軍大臣、海軍大臣、大本営から参謀総長と軍令部長など各組織のトップが集う会議で、実質的な日本の最高意思決定機関だった。

この時の大本営政府連絡会議で決定した大本営提案の「世界情勢の推移に伴ふ時局処理要綱」の一部を抜粋する。

第三条　対南方武力行使に関して左記に準拠す

一、支那事変処理概ね終了せる場合に於ては、対南方問題解決の為、内外諸般の情勢之を許す限り好機を捕捉し武力を行使す

二、支那事変の処理未だ終らざる場合に於ては、第三国と開戦に至らざる限度に於て施策するも、内外諸般の情勢特に有利に進展するに至らば、対南方問題解決の為武力を行使することあり

三、前二項武力行使の時期、範囲、方法等に関しては、情勢に応じ之を決定す

四、武力行使に当りては戦争対手を極力英国のみに局限するに努む

但し此の場合に於ても、対米開戦は之を避け得ざることなるべきを以て、之が準備に遺憾なきを期す

これを要約すると、「南方の領土と資源を獲得するために、日本軍はアメリカ軍およびその同盟国との軍事的衝突の可能性がある」、という内容だ。そして、注目すべきはこの国策が採択された時期。一般的に日本が対米開戦へと舵を切ったのは1941年9月の御前会議とされているが、水面下ではその1年2ヵ月前から具体的な動きにシフトしていたのである。

まずは武力による南進、フランス領インドシナ（南部仏印）への進駐を基本路線とし、これを遂行するためにはイギリスやアメリカとの戦争に至ってもやむを得ない。この強硬路線によって太平洋戦争に傾いていったということだ。

1941年（昭和16年）6月、独ソが開戦すると、陸軍の中からソ連を叩く北進論、海軍からは東南アジアの資源を確保する南進論が同時に浮上する。そのような状況下で、翌7月の御前会議にて「情勢の推移に伴う帝国国策要綱」が打ち出された。

この帝国国策要綱とは、当面の国家方針を大本営政府連絡会議で協議した内容を示したものである。それは「北進の準備」「南進の準備」「和平の外交交渉」のすべてを進め

るようなどっちつかずのもので、陸軍・海軍・内閣の意向をそれぞれ汲みとった決定だった。

つまり、ここにきて大本営などの戦争指導者たちは、アメリカとの開戦を基本線としながら多くの選択肢を残し、それぞれの「準備」だけを進めるような煮え切らない態度に終始している。しかも、この準備をどこまでするかの判断は、何と現場の軍部に任されていたというから話がややこしい。

●中身がなかった最高意思決定会議

終戦までに何度も行われてきた大本営政府連絡会議。だが、明確な意思決定を持たず、「具体的なことは別に定む」といった具合に問題を先送りすることでごまかし続け、いたずらに時間だけを経過させることが往々にしてあった。

本来、日米の衝突が目前に迫るという抜き差しならない状況に沿った国策を導くのがこの会議の役割だが、決定事項の多くが問題の先送りだったのである。

このことは、方針案は連絡会議が責任を持って全会一致で示すことが原則であることが影響している。各々の利益を尊重する陸軍、海軍、政府のすべての方針が全会一致で決まるような状況は生まれない。そこで話をまとめやすくするために、各組織の要望を均等に反映した決定に合意することが慣例になっていた。要はそれぞれの組織が当面の利害に反しないような、最小公倍数的な決定を生み出していたのだ。

さて、曖昧模糊とした帝国国策要綱が決まる一方で、大本営・参謀本部は北方問題解決（北進）の準備として大規模な関東軍特殊演習を行った。当時、中国大陸には満州・朝鮮に十四個師団の陸軍が駐留していたが、さらに内地の第五一師団と第五七師団を派遣し、総勢十六個師団、70万人以上の大兵力を動員。もはやソ連との開戦が待ったなしの状況である。

あまりにも大胆な陸軍の行動に危機感を持ったのが内閣総理大臣・近衛文麿《このえふみまろ》だ。近衛としては日ソ中立条約締結を決めた立場があり、早期の対ソ開戦は避けたい。そこで近衛は、陸軍の関心を南に向けるためにさらなる南方進出に同意する。この同意は、近衛の「南方ならすぐ戦争にならない」と読んだ苦肉の策であり、時間稼ぎだったと言われている。

●日本軍、南へ進む

「北進の準備」「南進の準備」「和平の外交交渉」。言うまでもなくこれらは日本の将来を決定的にする非常に大事な選択だ。だが、この選択が熟考されることはなかった。近衛によるさらなる南方進出の同意を拡大解釈した陸軍は、１９４１年7月末に南部仏印（現在の南ベトナム）への進駐を開始する。近衛はアメリカの反発がなかったことを根拠に北部仏印進駐を承認しているが、南部仏印までの戦線拡大は寝耳に水だったという。

では、この戦線拡大を主導したのは誰なのか？　実はここでも大本営のメンバーが暗躍していたのだが、詳しくは次項で後述する。

この電撃的な侵攻で、日本軍はフランス領だったインドシナを支配下に治め、石油などの南方資源獲得の足がかりとなる基地確保の目的を達成している。南進戦線拡大は戦争指導者たちの総意ではなかったわけだが、南部仏印進駐の背景に、明確な指針を示さない御前会議、その前段階の協議体である大本営政府連絡会議の曖昧さが大きく影響したことは言うまでもない。

第34・38・39代内閣総理大臣を務めた近衛文麿

さて、日本軍の南部仏印進駐は、あまりにも大きなハレーションを引き起こした。南部仏印はイギリス領のマレー、オランダ領のインドネシア、アメリカ領のフィリピンへ容易に進攻できる地域である。目と鼻の先にあるフィリピンが脅威にさらされたことでアメリカが怒りを爆発させ、ここにきて日米の対立が決定的になったのである。

手始めの措置として、アメリカは在米日本人の資産を全面凍結、さらに石油は輸出制限から一滴も売らないという全面禁輸に踏み切った。アメリカに追随する形でイギリス、オランダ、中国も日本との貿易を中止する政策を取り、ここに「ＡＢＣＤ包囲網」が完成してしまう。

これで日本軍が機能するために必要な石油などの資源を完全に絶たれた格好となった。こうなると日本に残された選択肢はそう多くはなかった。

日本が真珠湾を奇襲する三ヵ月前のことである。

11 大本営・参謀本部作戦課

――対米開戦へと導く大本営上層部

●強硬派揃いの大本営作戦課

1941年9月3日。大本営の提案を付議した大本営政府連絡会議が開催され、「帝国国策遂行要領」として以下の内容が示された。

一、帝国は自存自衛を全うする為対米（英蘭）戦争を辞せざる決意の下に概ね十月下旬を目途とし戦争準備を完整す

二、帝国は右に併行して米英に対し外交の手段を尽して帝国の要求貫徹に努む（以下略）

三、前号外交交渉に依り十月上旬頃に至るも尚我要求を貫徹し得る目途なき場合に於ては直ちに対米（英蘭）開戦を決意す

軍務局軍事課長だった田中新一

帝国国策遂行要領には威勢のいい文言が飛び交っており、いよいよ対米開戦が目前に迫ってきたことを感じさせる。それでもこの帝国国策遂行要領は、陸・海両軍と内閣の意向が正しく反映されたものではなかった。そのため上記の提案は、「あくまで打開策がない場合には武力行使もやむを得ない」といった結論を濁したニュアンスが含まれている。

ただ、大本営の上層部においては少し趣が異なる。特に大本営・参謀本部にはより強硬な路線を主張する声が大きく響いていたからだ。その筆頭が田中新一だ。田中は日本の行方を左右する重要な軍事行動のたびに名前が挙がり、そのほとんどが強硬派として事態を悪化に導いた人物である。

●太平洋戦争へと導いた大本営メンバー

1937年7月、当時、陸軍省・軍務局軍事課長に就任していた田中は、日中戦争の発端となる盧溝橋事件時に大本営・参謀本部作戦課長であった武藤章と結託し、不拡大方針を採る大本営・参謀本部第一部長の石原莞爾の反対を押し切って北支へ増兵させている。

1940年10月、田中は大本営・参謀本部第一部長に就任すると、強大な権力を後ろ盾にすべてを戦争で物事を打開するような方針を打ち出した。前項で述べた関東軍特種演習は田中の主導で行われ、70万人の軍兵を動員するなど、いつでも戦争を起こせる準備もしている。

当時から「無類の戦争好き」で知られていた田中は、南方侵攻で対英米優位を確保した上で北進し、国際情勢の変化に乗じて日中戦争を解決するという無茶苦茶な戦略を持っていたようだ。

そして、その田中と歩調を合わせたのが大本営・参謀本部作戦課の服部卓四郎と辻政信のコンビである。ノモンハン事件を引き起こしたこの両参謀は、くだんの事件でソ連の強さを目の当たりにしたために南進派に転向したという。北がだめなら南へ、というわけである。このあたりは戦争で物事を図る田中の思想に通ずるものがあり、大本営・参謀本部が急激な強硬路線に走ることは必然だったのかもしれない。

しかし、ここで不思議なのは、ノモンハン事件でいったんは左遷された服部・辻の

大本営・参謀本部が入っていた旧陸軍省
（写真提供：共同通信社）

コンビが、わずか1年足らずで陸軍の花形である大本営・参謀本部へ栄転したことである。これは陸・海両軍に言えることだが、エリートとして日本軍に入った場合、重大な過失があってもなかったことにするご都合主義や隠蔽体質の悪しき慣例があった。

また、過失を犯しても軍部内をうまく立ち回ると、ほとぼりが冷めるころに出世できるような不可解な人事も横行していたのである。ノモンハン事件の責任を現場の指揮官に転嫁した服部と辻は、得意の能弁さを武器に巧妙な立ち回りを見せ、わずか1年ほどで華々しく陸軍の中央に復帰したのだ。もっと言うと、東條英機や大本営・参謀本部参謀総長の杉山元など重鎮の覚えがめでたかったことも服部と辻の復帰に大きな影響を与えていた。

ちなみに大本営・参謀本部作戦課が絶大な権力を持った背景には、作戦課班長として就任した服部や作戦課兵站班長に任命された辻が、敵対していた作戦課課長・土居《どい》明《あき》夫《お》を排除した伏線もあった。こうして作戦課を牛耳ることに成功した服部・辻のコンビ、それを同じ思想の田中が強力にバックアップする構図が生まれたのだ。

更迭された土居は、ソ連軍の軍事情報分析を専門とする情報にすぐれた能力と見識を持つ参謀だったと言われている。この政治的闘争の結果により、軍事情報を軽んじてきた作戦課が情報による戦略をないがしろにするようになった側面がある。

陸軍の上層部をまとめる服部と、清濁併せ呑むことができる斬り込み隊長的な辻。堅く結びついた二人は、陸軍における両輪となり、強気一辺倒の硬論を展開しながら緒戦の快進撃をリードしてきた。だが、あまりにも強気で敵を見くびる服部と辻の思想は、その後の陸軍に壮絶な悲劇を生むことになる。

12 大本営・軍令部の強硬派たち

——強硬派の黒幕が海軍を対米開戦へと導く

●「海軍・善玉」の矛盾

東京都千代田区霞ヶ関、現在は農林水産省が建っている場所に海軍の司令部となった海軍省と大本営・軍令部が入ったレンガづくりの建物があった。鹿鳴館を建築したイギリスの建築家が設計したこの建物は、１階の正面に巨大な大理石を使用した階段が３階まで吹き抜けになっており、その堂々たるたたずまいは海軍を象徴するものだったという。

１階から２階が海軍省、３階に大本営・軍令部が入っていたこの建物には、海軍における二つの大きな権力が併存していたことになる。

そもそも明治以来の海軍は、山本権兵衛《やまもとごんべえ》や加藤友三郎《かとうともさぶろう》ら海軍大臣、そして、日露戦争で名を馳せた東郷平八郎らの統率力によって結束と融和が保たれてきた。中国大陸で暴走する関東軍やそのほかに展開する方面軍が独断で動くことがあった陸軍に比べると、当時の海軍は伝統的な統制が守られた組織と言われてきた。

そんな一枚岩に見えた海軍も、大本営・軍令部が存在感を示し始めると雲行きが怪しくなっていく。例えば、ロンドン海軍軍縮条約を巡る海軍の内部は、「条約締結やむなし」とする条約派と「統帥権干渉だ」として反対する艦隊派が対立する事態となった。

大本営・軍令部が入った海軍省の建物

条約派は海軍大臣・米内光政《よないみつまさ》、軍務局長・井上成美《いのうえしげよし》、連合艦隊司令長官・山本五十六など三羽烏を中心とした海軍省寄りの人物たち。彼らは日独伊三国軍事同盟と対米強硬路線に反対していた。つまり、外交交渉で和平を目指す保守派である。

一方の艦隊派は海軍・軍令部部長の加藤寛治、軍令部次長・末次信正らが東郷平八郎をシンボルとして擁立し、大艦巨砲主義と対米開戦の強硬を主張した一派だ。

それまでの海軍は、内部が対立すると海軍省の統率力で解決してきたが、1932年に兵役法が改正されると、兵力量の起案権を大本営の軍令部総長が握るようになり、海軍大臣の兵力指揮権が削除されてしまった。次第に海軍内部は、大本営・軍令部の優位が確立されるようになったのである。大本営・参謀本部が権力を持つようになったことと同じように、海軍も大本営・軍令部の存在感が増していった歴史があったのだ。

その大本営・軍令部にあって、海軍を対米開戦路線へと導くことになったキーパーソン、それが艦隊派の石川信吾《いしかわしんご》である。石川は大本営・軍令部参謀在任中から「日米は雌雄を決する運命にある」とする宿命論を説き続け、「不規弾」のあだ名が意味するように、上官だろうが陸軍だろうが自らの信念に基づいた過激な発言を口にするような性格だったという。

●海軍国防政策委員会（第一委員会）

そんな石川が海千山千の軍人が脇を固める条約派に対して、どのように対抗していったのか？　結論から言うと、海軍の中に軍閥を形成し、対米強硬派の陸軍将校や政財界人を取り込みながら極めて政治的に動いた。後に石川が「海軍きっての政治軍人」と称されたのは、この当時の動きを指しているのだろう。

石川にとって幸運だったのは、同郷にして中学校の先輩である岡敬純《おかたかずみ》との出会いである。１９４０年、石川と同じ艦隊派の岡は、海軍政策の中心である海軍省の軍務局長だった。ここで岡は、海軍が陸軍に引きずられることなく独自の政策を策定することを目的とした機関をつくっている。それが海軍の国防政策を担う「軍務局第二課」だ。

この当時、石川は強硬派の急先鋒として危険視され、海軍の中央から遠ざけられていたが、岡が石川を軍務局第二課の課長に任命したことで艦隊派の勢力は瞬く間に拡大していく。

さらに岡は、対米戦争に備えた人事や機構の整備を押し進め、海軍南進論の先駆者で「南洋王」と称された中原義正《なかはらよしまさ》を海軍省・人事局長、作戦を立案する大本営・軍令部の第一課長に富岡定俊《とみおかさだとし》を据えている。一方、海軍の一線に復帰した石川は水を得た魚のように動き、外相・松岡洋右《まつおかようすけ》、陸軍の重鎮・武藤章と鈴木貞一、右翼の大物・岩田愛之助《いわたあいのすけ》ら強硬派と積極的に会談を持ち、岡が不得意だった政治的な折衝に奔走した。

不規弾と呼ばれた石川信吾

まるで大本営・参謀本部の服部と辻の関係性のごとく、あうんの呼吸を見せた岡・石川コンビ。岡は海軍中央の中堅人事を強硬派の陣容で整え、石川は海軍以外で志を共にする陸軍軍人や政治家とうまく連携した。石川が対米開戦へと牽引するために外堀を埋め、それを岡が背後から支える。こうして紆余曲折の道のりをたどりながら、陸・海両軍の若手から中堅将校たちは、対米開戦に向けて一丸になっていった経緯があった。

１９４１年、対米開戦の一大勢力をつくりあげた岡は、「海軍国防政策委員会（第一委員会）」を発足させる。この委員会は開かれた海軍を謳っていたのだが、実際はかなり閉鎖的かつ排他的な特徴を持っていた。主要メンバーは、大本営の富岡定俊と大野竹《おおのたけ》二《じ》、海軍省・事務局第一課課長の高田利種《たかだとしたね》、同第二課長石川信吾という開戦積極派で埋められており、対米開戦か否かの重大な局面で海軍の決断は、海軍国防政策委員会に委ねられてしまったのだ。

この委員会は日米開戦の半年前（１９４１年６月）にある機密報告書を作成している。そこには驚くべき内容が記載されていた。

そして、歴史はこの報告書通りに展開していく。

第一　情勢判断

一、　情勢判断の基礎条件　速に和戦孰《いず》れかの決意を明定すべき時期に達せり

第二　帝国海軍の執るべき方策
六、武力行使に関する決意　帝国海軍は左記の場合は猶予なく武力行使を決意するを要す（イ）米（英）蘭が石油供給を禁じたる場合
七、結論　（ロ）泰仏印に対する軍事的進出は一日も速に之を断行する如く努るを要す
（ロ）政府及陸軍に対する態度　戦争決意の方向に誘導するを要す（※一部抜粋）

満州事変から太平洋戦争勃発までを語る時、陸軍が暴走して海軍を引きずるような形で戦争が始まった、というような論調が今も根強い。だが、対米開戦までのシナリオとも言えるこの報告書から見て取れるように、その認識は必ずしも正確とは言えない。むしろこの時期の海軍は、海軍国防政策委員会と大本営・軍令部が主導して対米開戦へと舵を切っていったのだ。

こうした流れを受けて、もともと対米開戦に積極的ではなかった大本営・軍令部総長の永野修身《ながのおさみ》も強硬意見を口にするようになり、海軍の路線が決定的になった。

「この戦争は俺が始めさせたようなもんだよ」

太平洋戦争の緒戦で日本中が沸きに沸いたとき、海軍内で暗躍した石川はよく酒席でそう豪語したという。

13 昭和天皇の苦悩～太平洋戦争前夜～

――陸・海による責任のなすり合い

●戸惑いを見せた陸・海の人々

自身の思いとはまるで別の方向に進んでしまった日本を昭和天皇はどう見ていたのか――。1940年以降、頻繁に行われた大本営政府連絡会議と御前会議に関する昭和天皇の発言は非常に興味深い。ここでは昭和天皇の発言から見た首脳部の矛盾と欠陥、そして、対米開戦に至った経緯を見ていきたい。

日米間が風雲急を告げる1941年9月3日に行われた大本営政府連絡会議。この時の議題は、「アメリカに譲歩するか」「南方資源を独自調達して自存自衛するか」の選択だった。この日に決まった帝国国策遂行要領は、または「開戦準備と外交交渉を同時に進行していく」といった二律背反した内容だ。

前回の会議までと違うのは、対米開戦をこの年の12月とし、時期が明確に決定したこと。会議の参加者たちは「本当にアメリカと戦うのか……」と重い口を閉ざしたと伝えられている。

まず深刻な動揺が広がったのは海軍のほうだった。海軍の方針は、石川信吾らが先導する対米開戦と南方進出を推進する路線になりつつあったが、山本五十六らの避戦派も少なくなかった。戦後、海軍省・調査課長だった高木惣吉《たかぎそうきち》が「何度演習をやってみても勝ち目がなかった」と語ったように、海軍の中でも日米の戦力差を懸念する声は多かったようだ。

一方、陸軍からも対米開戦に慎重な声が上がる。関東軍を現場で指揮してきた支那派遣軍総参謀長・後宮淳《うしろくじゅん》は「この際、撤兵の条件をのむことも大した問題ではない」と危機感を募らせ、日米の国力を徹底的に分析した陸軍省戦備課長・岡田菊三郎《おかだきくさぶろう》も「日本に勝算なし。絶対開戦してはいけない」と軍務局長・武藤章に直談判を重ねたという。つまり、対米開戦が現実問題として大きくのしかかった陸・海両軍は、一部の対米強硬派を除いてかなり慎重になっていたのだ。

●的確だった昭和天皇の指摘

同月5日、軍部の真意を問いただすべく、昭和天皇は大本営・参謀総長の杉山元と大本営・軍令部総長の永野修身を宮中に呼び出した。平和的な外交交渉を希望していた昭和天皇だけに、このときの追及は激しかったと伝えられている。以下は昭和天皇と杉山によるやりとりだ。

天皇「日米に事おこらば、陸軍としてはどのくらいの期間に片付ける確信があるか」

杉山「南方作戦だけは3ヵ月くらいで片付けるつもりであります」

天皇「杉山は支那事件が勃発当時の陸相である。あのとき陸相として『事変は1ヵ月くらいで片付く』と申したように記憶している。しかし、4ヵ年の長きにわたり、まだ片付かぬではないか」

杉山「支那は奥地が開けており、予定通り作戦がうまくゆかなかったのであります」

天皇「支那の奥地が広いと言うなら、太平洋はなお広いではないか。如何なる確信があって3ヵ月と申すのか」

語気を強めた昭和天皇の的確な叱責に、杉山は頭を垂れたきりで返答することができず、それを見かねた永野が助け船を出して次のように答えている。

永野「今日の日米関係は、病人に例えれば手術をするしかない瀬戸際にきています。(中略)まだ七、八分の見込みがあるうちに最後の決心をしなければなりませぬ」

天皇「勝つか。絶対に勝つと言えるのか」

対米開戦を後押しした参謀総長の杉山元（左）と
軍令部総長の永野修身（右）

永野　「絶対とは申されません。事は単に人の力だけでなく、天の力もあり、算がなければやらねばなりません。（中略）かならず勝つかと仰せられれば必ず勝つと奉答しかねますが、全力を尽くして邁進するほかありません」

この時に昭和天皇は、軍部が予定している作戦の欠点などにも鋭く斬り込むが、陸・海両軍を束ねる大本営のツートップは玉虫色の回答に終始したと言われている。

翌日の御前会議。従来の御前会議は、内容の報告を事前に受けている昭和天皇は黙って聞くのみで、一切の発言をしないのが通例である。しかし、この日の御前会議は、出席者の誰もが予想しない展開になる。昭和天皇は、会議中に発言を控える両統帥部長（杉山と永野）に遺憾の意を表明し、懐中から紙片を取り出して次のように詠み上げた。

「私は毎日、明治天皇御製《ぎょせい》の、『よもの海みなはらからと思う世になど波風のたちさわぐらむ』を拝誦している。どうか」

明治天皇が読んだこの和歌は、「世界の海は一つなのになぜ波風が立つのだろう」という意味で、昭和天皇の考えが集約されていた。昭和天皇が異例の意思表示を示した御前会議が重い空気に包まれたのは言うまでもない。

ただ、実際にアメリカに譲歩して中国から撤退するなら、国家予算の7割を費やしてきた陸・海の軍費と、尊い命が奪われた20万人にも及ぶ兵士たちは何だったのか——。これまで軍政をリードしてきた戦争指導者たちへの激しい追及は必至である。

外交交渉を押し進めてアメリカに譲歩するのは簡単だが、それを決定して多くの恨みを買う損な役回りを首脳部たちは誰もしたくなかった。

そうして各組織の首脳たちによる恨みを買う役回りのなすり合いが始まってしまう。まず音を上げたのが第三次近衛内閣だ。この重圧に耐えられなかったとされる近衛が突如として内閣総理大臣を辞任し、後釜として東條英機の軍人内閣が誕生したことは広く知られている。

●陸・海が譲らなかった面子

太平洋戦争が始まった要因の一つに、軍部の暴走が挙げられる。これまでに述べてきたようにそのような側面は否定できないが、開戦直前の局面で政治家たちは重要な決断から逃げて軍部に下駄を預けた事実も見逃せず、軍部が独断で暴走したと単純に言い切ることはできないだろう。

ともあれ、対米開戦か避戦かの決断は軍部に委ねられ、水面下では陸・海両軍の首脳部による駆け引きが始まった。陸軍首脳部で中心的に動いたのは陸軍省・軍務局の武藤章。武藤は同じ省庁つながりでもある海軍省の軍務局中佐・柴勝男に「お前のところ（海軍）で『戦争できん』と言ってくれ。そうすれば陸軍は何とか治めるから」と打診している。

だが、海軍としても面子があるのは当然の話。むしろ、海軍首脳部としては、「南方戦線を拡大した陸軍こそ戦争回避を主導すべき」という主張である。結局、陸・海の主張は平行線となり、同年11月に行われた大本営政府連絡会議で戦争回避の選択は取り上げられなかった。

開戦か、それとも避戦か。その結論は翌12月1日の御前会議で最終判断が下されることになったが、国内に目を向けると、すでに国民に大動員をかけて開戦準備が着々と進んでいる。陸・海両軍が面子にこだわって譲らないこの状況下で、断固として戦争を回避する態度を示す指導者はいなかったのだ。

問題を先送りにする組織の悪い体質は改善されることなくいたずらに時間だけが流れ、昭和天皇の苦悩は続いた。

●それぞれの思惑

戦後、杉山元による実録書『杉山メモ』（原書房）などによって、太平洋戦争開戦を決めた首脳部の多くが実は自信を持っていなかったことが明らかにされている。

このような文献によって軍と日本が戦争へ向かう様子を読み取ることができる一方で、個々人の立場や発言の捉え方、状況によって変化する発言内容など、その背景を一括りにまとめて総括することは難しい。

例えば、くだんの『杉山メモ』には、大本営・軍令部部長の永野修身の発言として「三年後の状態を考えると、今やるほうが戦争はやりやすいと言える」と記述されている。同じ議論の中で陸軍大臣だった東條英機は、「米艦隊が攻勢に来るとは思わぬのでいま戦争をする必要はない」と主張するなど、日米開戦に消極的な発言も少なくない。つまり、二人の発言内容からすると、「海軍が対米開戦を主張し、陸軍は消極的だった」と捉えることもできる。ただ、一つわかっていることは、大本営を中心とした陸・海の強硬派が対米開戦へとお膳立てをしたものの、強大な大国の前に本音では誰も自信がなかったことだろう。

さて、日本軍のすべてを統帥する大元帥の立場として、昭和天皇は複雑かつデリケートなこの事態にどう向き合っていたのか――。立憲君主として「君臨すれども統治せず」という立場を貫いた昭和天皇は、政治と軍事に直接的に関与しなかった。そのため真意も明らかではなく、「一貫して和平を望んでいた」との向きもあれば、「実際は積極的に戦争へ加担しようとしていた」と捉えられることもある。

そのヒントは昭和天皇の発言から考察できるが、肝心なのはその捉え方だ。昭和天皇は、開戦直前の大本営政府連絡会議や御前会議において「戦争に勝てるのか？」と執拗に問いただしたことが記録に残っている。これを「アメリカに勝てないことを内閣や軍部に知らしめ、戦争を回避しようとした」と取るのか、それとも「戦争に積極的だから勝敗に固執した」と取るのかでまったく逆の結論や印象が導き出されてしまう。

軍部や内閣の指導者たちの間で日に日に高まる焦燥、混乱、動揺。それを肌で感じていた昭和天皇の苦悩はさらに続いた。

14 開戦か⁉ 和平か⁉ 東條内閣誕生

――アジアの独裁者と呼ばれた男の実像とは？

●なぜ日本は東條に内閣を任せたのか

坊主頭にちょび髭、そしてロイドメガネの特徴的な風貌で知られる東條英機。最近になって東條の評価は見直されつつあるが、それでも「A級戦犯の代表格」、または「ドイツのヒトラーと並ぶ独裁者」などの悪いイメージがつきまとう軍人だ。

確かに東條は歴史的事実として自身の内閣で太平洋戦争を始めた。また、戦局が悪くなっても早期終戦を模索せず、大本営・参謀本部の頂点に立って徹底抗戦を唱えた事実がある。しかし、ここで見逃せないのは東條が内閣総理大臣になった経緯、そして開戦の決断を下した理由だ。ここでは東條内閣誕生までの経緯を中心に東條の実像に迫ってみたい。

アメリカの経済制裁強化によって追い詰められた日本軍が対米開戦に活路を見出そう

とする論調が高まった1941年8月、当時の内閣総理大臣・近衛文麿は、ルーズベルト大統領とのトップ会談を計画する。直接ルーズベルトに会って、中国からの撤退を条件に日米の衝突を避けようとする近衛の秘策である。

結局、この日米首脳会談は幻となってしまったが、近衛の計画に対して激怒したのが陸軍大臣だった東條だ。東條は関東軍時代に「カミソリ東條」の異名を取り、満州の混乱を収束させてきた自負があった。そのためアメリカと独断で交渉し、満州からの撤兵を考える近衛と東條は対立する。

開戦時の総理大臣・東條英機

内閣と軍部が対立して揺れ動いても、時計の針は待ってくれない。同年9月に今後の日本が取るべき国策を定めた「帝国国策遂行要領」が決定。その内容は、10月上旬までにアメリカとの交渉がまとまらない場合、開戦に踏み切るというものだ。

そして、10月に入り日米交渉が暗礁に乗り上げると、日本中に衝撃が走る事件が起こった。

近衛は「日米戦争に自信がない。自信の

ある人にやってもらいたい」と発言し、突如として内閣を解散してしまったのである。「自信がある人」とは東條のことを指す。

こうした急転直下の状況の中、次の内閣総理大臣は、和平派で陸・海両軍をまとめることが可能な皇族の軍人・東久邇宮稔彦王《ひがしくにのみやなるひこおう》が有力視されていた。しかし、皇族内閣で日米開戦に至って敗戦した場合、皇族・皇室の責任追及は必至である。そこで昭和天皇の側近にして内大臣だった木戸幸一が目をつけたのが東條だ。

東條は真面目で清廉潔白。このころに横行していた政治家や軍人の汚職などのスキャンダルの類もなく、陸軍大臣として軍内部における評価も高かった。そして、軍人としての秩序を重んじる東條には昭和天皇に対する絶対的な忠誠心があった。ゴタゴタが続く軍部を統率し、昭和天皇の考えを汲める最適任者として東條の名前が挙がったのである。ちなみに東條内閣の誕生は、昭和天皇の意向であったとも伝えられている。木戸の東條推挙の上奏に対して、昭和天皇が語った「虎穴に入らずんば虎児を得ずだね」という発言は有名だ。

以上のことからわかるように、東條は自ら希望して総理大臣になったわけではなかった。

●昭和天皇の意向を実現するために奔走

ある意味で昭和天皇の肝煎りだった東條内閣。極めて難解な舵取りを迫られた東條は、皇居での内閣総理大臣任命の際に昭和天皇から直接的な指示を受けた。その内容は「9月の国策（アメリカとの交渉がまとまらない場合は開戦に踏み切る）にこだわらず、白紙に戻して検討してほしい」というもの。

昭和天皇の意向を汲んだ東條内閣の取り組みは、帝国国策遂行要領をいったん白紙に戻し、10月末に行われた大本営政府連絡会議で10日間におよぶ国策の再検討から始まっている。

アメリカとの戦争が始まった場合、その舞台になるのは広大無辺に広がる太平洋で、日本軍の主役は海軍だ。つまり、海軍なしにアメリカと戦うことは不可能だった。そういう意味で海軍が反対すれば太平洋戦争に至らなかったという指摘も多い。

では、演習でアメリカ軍に勝ち目がないことがわかっていたにもかかわらず、海軍はなぜ英断を下せなかったのか――。それを紐解くのが陸軍と海軍のバランス関係、すなわち依然として続いていた「陸主海従」にあった。

すでに述べてきたように日本軍には陸軍が上に立つ「陸主海従」の慣例が根強かったが、時代の経過と共に海軍の存在感が増してきた経緯があった。大本営の軍令部が参謀

ハル国務長官（中央）と共にホワイトハウスに向う野村大使（右）

本部と肩を並べる組織になっていったのはその最たる例だろう。

　こうした事情から海軍は面子にこだわり続け、「海軍は戦争をできない」という英断を下すことができなかったのだ。国益よりも組織を優先する「海軍あって国家なし」の思想。それは軌道修正されることなく、国策を再検討しても戦争回避の選択をすることはなかったのである。

　こうなると望みの綱になるのが外交交渉だ。東條内閣は、駐米大使・野村吉三郎《のむらきちさぶろう》を中心に戦争回避の道を模索し、難問だった中国（満州を除く）から長期的または段階的に撤退を実施する二つの妥協案を提示する方策を採択した。中国からの撤退は、これまでに膨大な戦費と多くの軍人の命を費やしてきた日本側が示した最大の譲歩であった。

　東條にとって不運だったことは、すでに日本との戦争を完全に視野に入れていたアメリカがあまりにも強気な「ハル・ノート」を提示したことだろう。それは国務長官のコーデル・ハルの四原則を基本とし、「満州を含む中国からの即時撤退」「日独伊三国軍事同盟の破棄」「蒋介石の中国国民党政権のみ承認」など、日本が絶対呑むことのできない原則論に立ち返る内容で、まさに最後通牒であった。

結論として東條に昭和天皇が期待するような指導力や求心力はなかった。だが、それは東條が無能だったことを意味するものではない。結局のところ、この混沌極まる状況下では、誰が内閣総理大臣になっても日米の衝突が避けられなかったのが実情だろう。

第三章　決意なき開戦

15 太平洋戦争の幕開けを告げる真珠湾攻撃

――日本軍が一丸となって開戦早々の大勝利を呼び込む

●国の命運を握る電撃作戦

「ニイタカヤマノボレ一二〇八」。

これは1941年12月1日に開かれた御前会議で対米宣戦布告が承認されたことを受けて、大本営が陸・海両軍に日米開戦の日時を告げた有名な暗号文だ。ニイタカヤマ（新高山）とは当時、日本領だった台湾の山の名称。つまり、富士山よりも高い日本最高峰の山の頂を目指し、12月8日に「戦闘行動を開始せよ」の隠語である。

太平洋戦争開始の狼煙を上げた「真珠湾攻撃」。空母を主力とした機動部隊を編制し、航空機で空から攻撃を仕掛ける奇策。しかも、アメリカ軍の哨戒圏から外れた北方ルートでハワイを目指す作戦だ。

真珠湾攻撃で、山本五十六率いる連合艦隊は、アメリカ軍太平洋艦隊の戦艦「アリゾナ」

「オクラホマ」など4隻を撃沈、3隻を大破し、航空機も300機以上を破壊。ほぼ一方的な戦闘の結果、アメリカ太平洋艦隊の戦艦部隊は、一時的に戦闘能力を喪失した。

一方、日本軍の損害は未帰還機29機と、2人乗りの特殊潜航艇の沈没が5隻で、戦艦や空母はまったくの無傷。アメリカ太平洋艦隊を当面行動不能とする目標を達成したことから、真珠湾攻撃は作戦を完遂したと言えるだろう。

炎上する戦艦アリゾナ

さて、この歴史的勝利の陰に隠れてあまり知られていないが、大本営・軍令部は、真珠湾攻撃に反対していたことをご存じだろうか。反対の理由としては、石油などの資源確保の南方攻略を重視していたこと、そして、大艦巨砲主義（艦隊決戦）にこだわっていたために、前例のない航空機による作戦に難色を示したと言われている。

確かに山本の真珠湾攻撃構想は、いくつかの課題を抱えていたのも事実である。まずは航海条件の悪い北方ルートを採用したことだ。冬の北方は荒れやすく、天候予測が難しい。荒れた海では洋上給油が困難となり、ハワイに辿り着けない危険もはらんでいた。

もっと問題だったのが、攻撃目標が水深の浅い真珠湾だったことである。真珠湾のように水深の浅い海では、航空魚雷が海底に沈んでしまう。真珠湾が攻略不可能と言われた理由の一端である。

さらにこの時、まったく違う場所で、まったく違う大問題も発生していた。真珠湾攻撃の一週間前に、開戦に関する軍事機密文書を持つ軍将官が乗った飛行機が突如音信不通になり、敵地・中国領の山岳地帯に不時着するという事故が起こったのだ。

「上海号不時着事件」と呼ばれるこの出来事で、国の命運を賭けた一大奇襲作戦に関する情報が開戦直前に敵に知られる可能性が発生し、大本営は大混乱に陥っていた。

幸いにも、機密文書を携行していた支那派遣軍司令部参謀・杉坂共之《すぎさかともゆき》が墜落時に生き残り、書類を処分したことで事なきを得たのではあるが、真珠湾攻撃直前の12月初頭に危うい事態に直面していたことはあまり知られていない。

●単なる奇襲ではなく周到に練られた作戦

話を真珠湾攻撃に戻そう。強固に要塞化されて攻略不可能と言われていた真珠湾に、連合艦隊はどのようにして電撃的な侵攻を行ったのか――。

これらの課題に向き合ったのが山本を支えたブレーンたちだ。北方ルートの課題に対して、連合艦隊司令部首席参謀・黒島亀人《くろしまかめと》は、10年間に及ぶ気象図を調査させ、天候予測が比較的簡単にできることを発見する。これにより機動部隊の航海は、穏やかな天候の中で、アメリカ軍の哨戒圏からすべて外れた盲点とも言えるルートを進むことができた。真珠湾攻撃における連合艦隊の進軍は神がかり的であり、機動部隊が実質攻撃に入るころにようやくアメリカ軍が察知したほどであった。

真珠湾攻撃を構想した山本五十六

ただ、連合艦隊の機動部隊がハワイに到着できても、魚雷なしの攻撃ではアメリカ太平洋艦隊に大きな損害を与えることはできない。そこで第一航空戦隊参謀の源田実《げんだみのる》は、真珠湾でも魚雷攻撃が可能になるように沈み込みの浅い浅深度魚雷を採用する。航空隊は真珠湾と地形が似ている鹿児島県の錦《きん》江《こう》湾にて超低空攻撃の猛特訓を重ねた上で、幾度も図上演習を行っていた。

このように真珠湾攻撃は、構想から1年

以上にわたって作戦を練り上げ、問題点を克服し、大きな戦果を手にしたのである。

　ここまで周到に作戦計画が推進され、日米開戦が避けられなくなった1941年9月以降になると、対米開戦に反対していた大本営・軍令部は意見を差し挟む余地がなかった。

　ちなみに大本営・軍令部は、真珠湾攻撃と同時に行われる「南方作戦」の海軍支援部隊に頭を悩ませていたという。南方作戦における海軍支援部隊は、第五航空部隊が参加する予定になっていた。だが、山本の要望で真珠湾攻撃に加わることになった結果、南方作戦における海軍の航空機が不足してしまったのである。

　そこで大本営・軍令部作戦課長の富岡定俊と、同じく大本営・参謀本部作戦課長の服部卓四郎の間で戦力に関する協議が行われた。この協議では山本の「緒戦でアメリカ艦隊を殲滅することで南方を攻略しやすくなる」という熱意に心を動かされた服部が、陸軍の航空機で海軍の不足分を補うことで合意に達した。

　後の戦線では、連携の取れないドタバタを繰り返した大本営の軍令部と参謀本部だが、真珠湾攻撃では一丸となり、機先を制する作戦目標を見事に達成して大戦果を挙げたのである。

　前代未聞の大勝利に国民を熱狂させた真珠湾攻撃。だが、その一方で、宣戦布告が日本の外務省とアメリカの日本大使館の連携不足により、攻撃開始から1時間以上も経過してからの通達となる「日本軍の卑怯な騙し討ち」として世界に発信された。

結果として真珠湾攻撃は、アメリカ国民を奮起させ、世論は徹底抗戦でまとまってしまったのだ。山本の狙いだった短期決戦・早期講和は潰えたどころか、最も恐れていた長期戦の様相を見せ、日本軍は後戻りのできないいばらの道を歩んでいく。

16 国民を熱狂させた大本営発表

――「九軍神」に見る大本営の本質

●大戦果を伝える発表の裏で行われた情報操作

「大本営発表」と言えば、現代において信ぴょう性の薄い公式発表の比喩として冷たい笑いを受ける代名詞でもある。『大本営発表』（幻冬舎新書）の著者である辻田真佐憲氏が指摘している通り、戦後70年以上が経過した今でも大本営発表が信用できない情報の印象を残しているのは、戦時中に発表された中身があまりにもでたらめだったことにほかならない。

1941年12月8日。午前7時のニュースを読むために、日本放送協会のアナウンサー・館野守男《たてのもりお》はスタジオで待機していた。すでにニュース原稿はできあがっていたが、本番の2、3分前に報道部の責任者が走り書きの差し替え原稿を館野に手渡す。戦後、その時の心境を館野は「自分でも声がうわずっているのがわかった」と語ったが、それは大本営の発表があまりにも衝撃的な内容だったからである。

〈大本営陸海軍部発表　１９４１年12月８日〉
帝国陸海軍は本８日未明西太平洋において米英軍と戦闘状態に入れり

これは軍部が国民に真珠湾攻撃と南方作戦開始を伝えた大本営発表である。この発表に驚いたのは館野だけではない。日米交渉の経緯や日本軍の動きについて知らされていない多くの国民にとってこの発表はまさに青天の霹靂だっただろう。

今よりも戦争が身近だったこの時代ではあるが、世界の大国・アメリカやそのほかの連合国に宣戦を布告した知らせを国民はどう受け止めたのだろうか。発表が早朝だったこともあいまって、おそらく狐につままれたように感じていたのだろうが、この日の夜に伝えられた続報に国民は狂喜乱舞する。

〈大本営海軍部発表　１９４１年12月８日〉
本八日早朝帝国海軍航空部隊により決行せられたるハワイ空襲において現在までに判明せる戦果左の如し

戦艦二隻轟沈、戦艦四隻大破、大型巡洋艦約四隻大破
以上確実、他に敵飛行機多数を撃墜撃破せり、わが飛行機の損害は軽微なり（以下略）

ことの経緯は知らずとも、多くの国民は日本にとってアメリカが長年の仮想敵国であることは理解している。宣戦布告と大戦果を知らせる大本営発表に、国民が熱狂しないはずがなかった。

真珠湾攻撃の戦果を伝えたのは、大本営・海軍報道部の前田稔《まえだみのる》。大本営発表の発信源は、主に「大本営・陸軍部」「大本営・海軍部」であり、陸・海両軍が共同で発表する場合は、「大本営・陸海軍部」の名称が使われた。もともと、1937年の大本営の組織改定で陸・海両軍に設けられた報道部は「戦争遂行に必要なる対内、対外並に対敵国宣伝報道に関する計画および実施」を任務とし、四つに分担された部内の「宣伝課」における新聞発表が大本営発表だ。ラジオ放送は大本営発表を速報する位置付けである。

こうして大本営は800回を超える大本営発表を行うと同時に、言論の統制、さらには言論の構成、つまり談話や説明、依頼・指導といった形で軍部に有利となるような新聞の内容や論調を仕立てあげ、マスコミを通じて日本国内の情報操作を進めていった。

●崇められた「九軍神」

さて、太平洋戦争の幕開けとなった真珠湾攻撃では、海軍報道部から10日間にわたり4回の大本営発表があったが、その内容はおおむね正しく、水増しや現実とかけ離れた捏造や欺瞞は見られない。それどころか、一度公表した「空母1隻沈没」という内容を間違いだと認め、戦果を下方修正した例もある。

だが、捏造や欺瞞がまったくなかったかというとそうではない。真珠湾攻撃から10日後に発表された大本営発表では、あまり知られていない特殊部隊の戦果が国民に公表された。

〈大本営海軍部発表　1941年12月18日〉
同海戦において特殊潜航艇をもつて編成せる我が特別攻撃隊は警戒厳重を極むる真珠湾内に決死突入し、味方航空部隊の猛攻と同時に敵主力を強襲或は単独夜襲を決行し、少くとも前記戦艦アリゾナ型一隻を轟沈したる外、大なる戦果を挙げ敵艦隊を震駭せり

特殊部隊とは前項で触れた2人乗りの特殊潜航艇（甲標的）のことである。甲標的は

真珠湾の英雄として讃えられた九軍神

魚雷を一回り大きくしたような小型の潜航艇で、真珠湾攻撃時は岩佐《いわさ》直治《なおじ》大尉を中心に5隻の甲標的部隊が編成されて作戦に参加している。真珠湾攻撃は航空機の魚雷と爆撃のみと思われがちだが、別部隊として甲標的による攻撃が敢行されていたのだ。もちろん真珠湾内はアメリカ軍の警戒態勢が敷かれており、甲標的は生還が見込めない決死の部隊だった。

　真珠湾攻撃における甲標的部隊は、湾突入前に2隻が撃沈され、1隻が座礁。攻撃に成功したのは残りの甲標的だったが、実際のところアメリカ側の戦艦を撃沈した事実はなく、逆に2隻の甲標的は帰還中に撃沈されてしまった。岩佐を含めた9人が戦死、残り一人の酒巻和男《さかまきかずお》少尉は失神状態で海岸に漂着し、日本人最初の捕虜になっている。つまり、特殊部隊の作戦はまるで戦果を挙げていない。これが甲標的部隊の真相である。

　そこで注目したいのが、翌年3月6日の大本営発表だ。この発表では甲標的部隊による決死の作戦行動と戦果が強調され、岩佐以下9人が全員戦死したと公表している。すでにお気づきかと思うが、捕虜になった酒巻は作戦に参加していないことになってしまった。

そして、大本営海軍部は戦死した9人の二階級特進を決定し、決死覚悟の攻撃で大戦果を挙げた「九軍神」としてキャンペーンを展開、彼らをテーマにしたレコード、映画などが制作され、九軍神は真珠湾の英雄として国民から大いに崇められたという。

戦果の水増しと捏造が当たり前になる後年の大本営発表と比較すると、この時期はまだ良心的だったかもしれない。ただ、甲標的部隊の真相からわかるように、すでにこのころから緻密な情報操作が始まっていたのだ。

17 緒戦の快進撃で深めた大本営の自信

――真珠湾奇襲よりも早かったマレー半島上陸

●緒戦で目覚ましい活躍を見せた陸・海両軍

〈大本営陸海軍発表　１９４１年12月8日〉
帝國海軍は本八日未明上海においてイギリス砲艦ペトレルを撃沈せり。アメリカ砲艦ウェークは同時刻我に降伏せり（11：10）
我が軍は本八日未明戦闘状態に入るや機を失せず香港の攻撃を開始せり（11：40）
我が軍は陸・海軍緊密なる共同のもとに本八日早朝マレー半島方面の奇襲作戦を敢行し着々戦果を拡張中なり（11：50）

開戦当日の大本営発表からもわかるように、真珠湾の奇襲攻撃によって始まったと認識されている日米開戦は、正確に言うと真珠湾攻撃の約2時間も前に陸軍を中心とした日本軍とイギリス軍の間で戦闘が開始されていた。いわゆる「南方作戦」の幕開けだ。

日本がアメリカと戦う上で欠かせないもの。それは経済制裁によって枯渇寸前になっていた石油などの資源である。日本は、長期戦を耐えうる資源を得るために仏印からさらに南下し、イギリス領のマレー半島とオランダ領のインドネシアを支配下に治める必要があった。

イギリス領マレーのクアラルンプールに突入する日本軍部隊

そこで後顧《こうこ》の憂《うれ》いを絶つために、連合艦隊が真珠湾のアメリカ太平洋艦隊を攻撃し、同時進行で南方作戦マレー・シンガポール攻略に着手した。真珠湾攻撃は陸軍にとって、いわば南方作戦を成功させるために敢行された副次的な作戦だったのである。
マレー・シンガポール攻略戦は、山下奉文《やましたともゆき》が率いる第二五軍がマレー半島北部のコタバルに上陸して開始された。マレー半島の南端、シンガポールはイギリス東洋艦隊の拠点で、日本軍はマレー半島の北

日本軍の航空機攻撃で沈没したイギリスの戦艦「プリンス・オブ・ウェールズ」（上）と「レパルス」（下）

部から1100キロを南下して攻略していく。

この第二五軍の進軍を強く後押ししたのが「マレー沖海戦」だ。この海戦は、小沢治三郎《おざわじさぶろう》率いる南《なん》遣《けん》艦隊が、日本軍の南下を阻止すべく出撃してきた戦艦「プリンス・オブ・ウェールズ」と「レパルス」を主力とするイギリス東洋艦隊を迎え撃った戦いである。

この海戦で、連合艦隊は85機の航空攻撃機によりプリンス・オブ・ウェールズとレパルスを撃沈。日本側航空部隊の損害はたったの3機だけだった。戦闘中の戦艦が航空部隊に撃沈されるという当時の海戦の常識を覆した、エポックメーキングな海戦だった。

ただ、こうした一連の海戦で航空隊攻撃の優位性とそれに付随する戦訓を学んだのはアメリカ軍のほうだった。以降のアメリカ太平洋艦隊は、戦艦より空母の建艦を優先し、対日開戦後にはエセックス型空母を20隻まで増産することを決定している。

それぞれの組織が面子や利益を守るために決意のない開戦を選択した日本軍に対し、アメリカ軍は問題や課題が出てくると迅速に軌道修正していたのだ。

日本が敗戦した大きな要因の一つに、18倍もの差があった国力（GNP）が指摘されている。もちろん、歴然とした国力の差が物を言ったことは事実だろう。だが、それ以前の問題として、戦争をする国を支える組織やシステムがアメリカよりも劣っていたことは、『失敗の本質――日本軍の組織論的研究』などでも繰り返し指摘されている。

●陸海を横断する大本営の働き

さて、マレー沖海戦の快勝で勢いに乗った日本陸軍は、イギリス軍が数ヵ月は維持できると考えていた防衛ライン（ジットラ・ライン）もたった1日で攻略した。「マレーの虎」と評された山下率いる陸軍の進撃は凄まじく、電光石火の勢いでマレー半島攻略に成功した。

以降も陸軍の進撃は続き、南方作戦は1942年（昭和17年）5月のビルマ制圧をもって完了した。石油などの資源が豊富なスマトラ島、ジャワ島などの占領に成功したことで、南方作戦は大本営が考えていた目標をほぼ達成し、日本はビルマからソロモン諸島まで東西７０００キロ、南北５０００キロという建国以来、最大の勢力圏を形成することになったのである。

電光石火の快進撃を呼び込んだ要因、それは日本軍の最高司令部たる大本営がうまく機能していたことにあった。南方作戦時の大本営（参謀本部と軍令部）は、お互いの立場や状況、作戦の意図や方向性を完璧に把握しながら任務を遂行し、同時に展開されたグァム、香港、ビスマルクと多方面にわたる攻撃作戦においても大本営の各部署が抜群の連携を見せている。

一連の作戦を開始する前段階には、大本営の両翼を担う参謀本部作戦課の服部と軍令部作戦課長の富岡の間で入念な協議が行われ、海軍の航空機不足を陸軍が補うなど、完全な協力体制を築いたことが大きかった。こうして信頼関係にあった陸軍と海軍は、意思の疎通が十分に行き届き、また、お互いの作戦行動を強い協力関係をもって実行していたのだ。

なお、南方作戦の大成功によって、作戦を主導した大本営・参謀本部作戦部作戦課は一目も二目も置かれる存在となり、二人の危険人物を助長させてしまう。ノモンハンコンビ・服部卓四郎と辻政信だ。特に辻は第二五軍の参謀としてマレー作戦に従事し、後に「作戦の神様」と異名を取るほどの戦果を挙げた。こうした実績は陸軍の将校たちに強気で過激な強攻策を強いることになるのだが、それは少し先の話である。

18

決まらない二次作戦～陸軍と海軍の対立～

――太平洋戦争第2ラウンドを前に水を差した大本営のドタバタ

●長期持久戦か、短期決戦か

前項で少し触れた日本が太平洋戦争で敗れた要因、それは国力的な限界や情報の軽視など、さまざまな要素が認められるが、その中の一つに大本営が「具体的な長期的戦略を持っていなかった」という指摘がある。日米開戦の1ヵ月前に大本営が策定した「対米英蘭蒋戦争終末促進に関する腹案」は、その指摘を裏付けるものだ。

すみやかに極東における米英蘭の根拠を覆滅して自存自衛を確立すると共に、さらに積極的措置により蒋政権の屈伏を促進し、独伊と提携してまず英の屈伏を図り、米に継戦意志を喪失せしむるに勉むここには戦争の明確な目標はなく、南方の資源を確保して長期戦に持ち込めばアメリカは戦意を喪失して講和に持ち込めるだろうといった、ひどくあやふやな指針となっているのがおわかりいただけるだろう。

さらに大きな矛盾として戦争指導方針は長期戦を謳っているが、実際に展開した作戦は短期志向のものばかりである。その最たる例が先の真珠湾攻撃。そもそもこの作戦は奇襲による敵国の戦意喪失と早期講和を想定したものだ。

ただ、注意してほしいのは、もともと短期決戦を志向していたのではなく、「アメリカと戦争になれば半年や1年は暴れてみせるが、2年3年となればまったく確信は持てない」と山本自ら語っているように、どうしようもない国力の差を埋めるべく辿り着いた結論でもあった。

次の一文は、『失敗の本質――日本軍の組織論的研究』からの引用だが、大本営中枢部でも長期戦による戦争に勝てる見通しが持てなかったことがうかがえる。

（大本営・軍令部総長の）永野も南方地域の攻略に関する第一段作戦は、「勝利の算我に多いけれども」その後については、「開戦二カ年の間必勝の確信を有するも……将来の長期にわたる戦局につきては予見し得ず」と語っている。さらに開戦時の最高指導者である東條英機首相兼陸相も「戦争の短期終結は希望する所にして種々考慮する所あるも名案なし。敵の死命を制する手段なきを遺憾とす」と述べていた。

戦争の基本戦略を考える上で、何をもって戦争を終わらせるかという「終結」を明確にすることは絶対的な条件である。終結が曖昧な戦争は、軍隊という大規模組織が方向性を欠いて動き出し、失敗する。終結をあやふやにした大本営はまさにこの一文を地で行っていたのだ。

●戦略をまとめられない大本営・参謀本部と軍令部

太平洋戦争の第1ラウンドは、当初の思惑通り、南方作戦を完遂した日本の圧勝である。優位な状況で第2ラウンドを迎えたわけだが、先にも述べたように、大本営は長期的な戦略を持ち合わせていなかったために、次に何をどうすればいいのかわからない状況に陥ってしまった。

そこで1942年3月の大本営政府連絡会議にて第2ラウンドの作戦が討議されたが、その方向性を巡って大本営・参謀本部と連合艦隊司令部、さらには同じ海軍の連合艦隊司令部と大本営・軍令部で意見が対立する事態に発展する。

大本営・参謀本部が提案したのは、アメリカの戦意を削ぐためにイギリスを屈服させることを優先する「西亜作戦」だ。これは「対米英蘭蒋戦争終末促進に関する腹案」の見地に立ったもので、インド洋ならびにインド洋北西部の要衝を支配下に置き、さらにペルシャ湾と紅海の制空海権を確保し、有名無実化していた日独伊三国軍事同盟の連携を図る目論みがあった。

インド洋の制空海権を押さえることは、アメリカとイギリスが中国を軍事支援するための輸送路（援蒋ルート）を遮断することも期待できる。この壮大な西亜作戦の内容からわかるように、陸軍はこの戦争を「長期戦」と捉えていた。歴史にｉｆはないが、西亜作戦がうまく機能してヨーロッパでイギリスがドイツに服従すれば、世界の勢力図が劇的に変わった可能性もある。

だが、まず連合艦隊司令部が西亜作戦に異を唱えた。山本の「短期戦・早期講和」を基本戦略にしている連合艦隊司令部は、真珠湾攻撃の勢いそのままにアメリカ太平洋艦隊を叩き、ハワイ島攻略やアメリカ本土への攻撃を最終目標にしていたという。その前段階の作戦として、イギリス東洋艦隊を誘い出して撃滅する「セイロン島攻撃作戦」を主張した。

同じ海軍でも、大本営・軍令部は「ＦＳ作戦」を主張。「ＦＳ」とは「フィジー・サモア」

のことを指し、南太平洋に浮かぶフィジー、サモアおよびニューカレドニアの島々を攻略する作戦構想だ。目的は連合国の前線基地があったオーストラリアの脅威を排除し、アメリカとオーストラリアのシーレーンを遮断することである。

戦争とは終結に向かって有利な状況を積み重ねた先に勝利がある。開戦直後の日本軍は緒戦で有利に事を運んだが、太平洋戦争は始まったばかり。第2ラウンドの戦略がどれほど大切かは、戦争指導者の誰もが理解している……はずだった。

だが、1942年3月の大本営政府連絡会議は、長期戦なのか短期戦なのか、そして戦争の終結が何なのかを明確にせず、大本営（参謀本部と軍令部）と連合艦隊司令部の要望を適度に盛り込んだ方向で模索を続けた。

19 軍部の驕りに拍車をかけた珊瑚海海戦

――戦術的な勝利に浮かれた日本軍の戦略的敗北

●情報を軽視する大本営

太平洋戦争の第2ラウンドを前に暗い影を落としたこのドタバタは、連合艦隊司令部が大本営・軍令部に歩み寄って出されたアメリカとオーストラリアを分断する「MO作戦」の決定で決着を見た。

MO作戦とは、戦艦機動部隊が東南アジアとインド洋に展開するイギリス東洋艦隊を攻撃するというもの。「珊瑚海海戦」は、このMO作戦で陸・海両軍の上陸部隊をポートモレスビーへ輸送中に起こった海戦である。

太平洋戦争史の中でこの海戦はあまり注目されていないが、実は「暗号」と「戦訓」という二つのキーワードが見えてくる戦いだった。海戦の経緯を簡単に説明しよう。

1942年4月、日本側の作戦を指揮した第四艦隊司令長官・井上成美は、小型空母

「祥鳳《しょうほう》」を主力とする攻略部隊と大型空母「翔鶴《しょうかく》」「端鶴《ずいかく》」の支援機動部隊の布陣でトラック諸島に出航し、ツラギ島などの小島を攻略する。ところが、日本側の暗号を事前に解読していたアメリカ海軍は、MO作戦の概要を察知し、大型空母「レキシントン」「ヨークタウン」を主力とする機動部隊で第四艦隊を迎え撃ったのだ。

先だって連合艦隊はアメリカ・オーストラリア両軍の分断を目的としたセイロン沖海戦（1942年4月5日〜9日）を展開していたが、すでにこのころから日本の暗号はアメリカに筒抜けになっていた。その事実を知ったのは終戦後のことである。

しかし、日本海軍の暗号がアメリカに盗まれている可能性があることを知っていた人物が大本営の中にいた。大本営・情報部の堀栄三である。堀は軍事情報と戦略に関するエキスパートで、ドイツ関係の情報を扱う十六課に所属していた時、1943年（昭和18年）に設けられた駐日ドイツ大使館付武官・クレッチメル少将との会合でその事実を知らされた。

クレッチメル少将によると、前年8月17日に発生した米潜水艦によるマキン島の奇襲攻撃で島を占領することなくすぐに引き上げたのは、アメリカ軍の典型的な暗号書奪取作戦だというのだ。撃沈した船から暗号書を奪ったり、停泊中の商船から暗号書を盗み出すのはアメリカ軍の常套手段だった。

ちなみにクレッチメル少将は、「ミッドウェー海戦」の敗北も暗号解読のせいではないかとの見解を示している。

太平洋戦争において大本営が情報を軽視した例は枚挙にいとまがないが、それは日本軍の悪しき慣例であったとも言えるだろう。大本営では参謀本部第二部と軍令部第三部がそれぞれ情報を担当していたが、主流となる作戦課や各方面総司令部、連合艦隊などから軽視、もしくは無視される傾向にあった。

例えば、ノモンハン事件が起こる前からソ連軍の火力装備が優秀であることを同部署は指摘していたが、作戦課や現地の各方面総司令部はこの意見を完全に黙殺している。そして、太平洋戦争が進むにつれ、大本営が情報を軽視したツケは珊瑚海海戦以外でも払わされることとなっていく。

●戦果水増しと修正が始まった大本営発表

さて、珊瑚海海戦は、「日本が戦術的に勝利するも戦略的に敗北した」と言われている。戦術的に勝利したとされる根拠は、日米双方が失った「祥鳳」と「レキシントン」を比べると、軽空母の「祥鳳」に対して、「レキシントン」は戦闘力の高い大型空母だったところにある。

一方、戦略的敗北とは、「祥鳳」を失って「翔鶴」が損傷したため、作戦の主目的だったMO作戦が中止に追い込まれたことを指す。

実際のところ、この海戦は日米両軍の痛み分けといった内容だろう。だが、この一戦で日本軍の快進撃がアメリカ軍に初めて食い止められた形となり、アメリカ軍は迅速で正確な索敵の重要性と航空機による急降下爆撃の有効性という重要な戦訓を得ている。

事実、この海戦以降のアメリカ軍は、レーダーなど最新の科学兵器を駆使し、制空・制海権を確保しながら有利に戦争を展開していく。一方の日本軍には、この海戦から何かを学ぼうという姿勢はなく、戦略的には大敗北を喫していたと言っても過言ではない。もっと言えば、太平洋戦争を通して日本軍が敗戦から教訓を得て、それを次に活かしたことはほとんどないのではないだろうか。

なお、大本営発表では、日本軍が損失した航空機が24機、アメリカ側を98機としていた。さらに戦果のなかったラバウル航空隊が戦艦と巡洋艦を1隻ずつ撃沈と発表している。

〈大本営発表　1942年5月8日〉
米戦艦カリフォルニア型一隻を轟沈、英甲巡艦キャンベラ型一隻を大破し、英戦艦ウオスパイト型一隻に大損害を与え、さらに米空母サラトガ型一隻およびヨークタ

大本営陸軍部による発表

ウン型一隻を撃沈し目下なお攻撃続行中なり

しかし、実際の損失は日本軍の航空機が81機、アメリカ側は66機であり、大本営発表をそのまま解釈すると、日本軍が大勝利したかのような報告である。ただ、これは戦果誤認によるところが大きいとされ、悪意のある意図的な情報操作や虚偽ではないかもしれない。とはいえ、現場の希望的観測も反映したと思われる報告を鵜呑みにするなど、大本営側の姿勢を擁護することはできない。

一つ言えることはこのころを境にそれまで正確だった大本営発表は怪しい情報へと変貌し、実際の戦果を知っているのは大本営と陸・海軍の上層部の一握りであるという異様な事態が生まれたことだ。

20 決戦を前に噛み合わない海軍の双璧

――連合艦隊はなぜミッドウェーを目指したのか!?

●海軍を二分した大本営と連合艦隊

日本軍有利の太平洋戦争の第2ラウンドをどう進めればいいのか――。海軍の意見は割れていた。太平洋戦争のターニングポイントとして知られる一大決戦「ミッドウェー海戦」を前に、大本営・軍令部と連合艦隊は激しく意見を対立させていた。

連合艦隊司令長官・山本五十六が発案したミッドウェー作戦とは、真珠湾攻撃に連なる作戦だ。日本軍が太平洋の防衛拠点として攻略したいミッドウェー島にアメリカ海軍の主力部隊を本国からおびき出し、これを殲滅しようとするものである。

元来、日本の海軍は原則として「邀撃《ようげき》スタイル」を戦略の中心としていた。遥か太平洋を渡ってやってくるアメリカ艦隊を日本近海で迎え撃つという考え方だ。当然、大本営・軍令部はこの考え方をベースに太平洋戦争の作戦を展開していた。

ミッドウェー島（1941年11月24日撮影）

ところが、山本はアメリカと日本の戦力差を考えれば、邀撃レベルの作戦では勝ち目がないと認識していた。多少の危険を顧みず、奇襲によって積極的に打って出ることによって主導権を握り、攻勢を保つことができるという立場である。先の真珠湾攻撃もこの思想から出発している。

しかし、大本営・軍令部は、真珠湾攻撃でも反対もしくは躊躇していたように、邀撃作戦を念頭においた作戦方針をこのミッドウェー海戦でも堅持したのである。

結局、この問題は山本が連合艦隊司令長官の辞任をちらつかせたことで大本営側が折れる形で決着。本来、連合艦隊は上級機関である大本営・軍令部の指揮のもとに動くのが組織としての在り方だったはずだが、山本の肝煎りで行われた真珠湾攻撃が輝かしい戦果を挙げたことが大きく影響したのだ。

ちょうどそのころ、日本本土が初空襲を受ける事件（ドーリットル空襲）が軍部に大きな衝撃を与え、危機感を抱いた大本営・軍令部も次第にミッドウェー作戦に本腰を入れるようになった背景もあるにはあった。しかし、それとは別に大本営・軍令部がこの作戦を容認した経緯もあったのだ。それは海軍内における派閥や人間関係が影響している。

当時の大本営・軍令部のトップは軍令部総長・永野修身。日露戦争で武勇を示した明治人の永野は、大枠を掴めば後は下の者に任せ、悠然と振る舞うタイプ。大本営・軍令部内では「居眠り大将」とあだ名が付き、ことあるごとに「(軍令部の) 課長級が一番勉強しているから、その意見を採用するのがいい」と任せると、軍令部総長室で居眠りを続けたという。

太平洋戦争開戦時における大本営・軍令部のトップがこんな人物であったことも驚きだが、とにもかくにも実質的な軍令を統括したのは、軍令部総長の補佐役を務めるナンバー2の伊藤整一《いとうせいいち》軍令部次長だった。

その伊藤はどういう人物か。『作戦参謀とは何か――海軍最高幕僚の秘密』(吉田俊雄著／光人社NF文庫) によれば、慎み深く常識を持った温かい人柄で、積極的に表に出て行かない陰の人と記されている。

そんな性格の伊藤は、自らの考えを前面に押し出すタイプではなく、就任当初に第一部作戦部長である福留繁《ふくとめしげる》に「作戦のことは専門家の君に委ねる。よろしく頼む」と申し渡したという。

また、温かい人柄につけこまれ、部下や若い参謀から泣き落としされ、意見の融通させられることもよくあった。「頭の柔軟な理解力の大きい伊藤さんならばわかってもらえるだろう」と作戦決定の突破口にされていたのだ。

実際、ミッドウェー作戦の決裁段階で、連合艦隊司令官戦務参謀の渡辺安次《わたなべやすじ》が伊藤に泣きついたことがあった。伊藤は軍令部次長になる前に連合艦隊参謀長として渡辺とは上司部下の関係だった。

つまり、大本営・軍令部のミッドウェー作戦容認は、伊藤の温情による側面もあったのだ。軍の作戦が大局を見据える正当性によるものではなく、単純な人間関係で進められる愚行がまかり通るのは海軍も同じだった。これでは戦略も何もあったものではない。

なお、伊藤に作戦を任されていた福留は、海軍大学校を首席で卒業し、海軍士官の間では戦略・戦術の神様と称えられていた人物である。だが、実際は旧態依然とした教科書通りの作戦しか立てられず、時代錯誤の融通の利かない典型的な大艦巨砲主義者だった。

ミッドウェー作戦は空母が主体となる近代戦を想定していたが、大艦巨砲主義の福留が深く関わるなど、一大決戦に備えた海軍人事は多くの問題をはらんでいたのだ。

●大本営がもたらした戦略・作戦の不徹底

戦後、ミッドウェー海戦敗戦の原因についてさまざまな視点で語られてきたが、いつも問題視されるのが連合艦隊内における作戦の不徹底である。そもそもミッドウェー作戦で山本が最優先したかったのは、アメリカ太平洋艦隊の殲滅だった。

アメリカにとって重要な要地となるミッドウェー島が危機に瀕すれば、アメリカ軍の空母は出撃せざるを得ない。この空母をおびき出すためにミッドウェー島を攻めるのであって、島の占領を優先するわけではない。これが山本の考えである。

一方、大本営・軍令部はあくまでミッドウェー島攻略を主目的にしていた。大本営・軍令部の上層部は、アメリカ太平洋艦隊との決戦で連合艦隊の戦力が落ちるリスクを恐れたという。よく考えてみると、大本営・軍令部は大艦巨砲主義（艦隊決戦）を訴えてきたが、ここにきてその主張を一転させるなど、一貫性のなさに連合艦隊司令部が混乱したことは想像に難くない。

こうして連合艦隊司令部と大本営・軍令部の作戦目標に食い違いが生じ、大本営・軍令部寄りであった南雲忠一《なぐもちゅういち》は、ミッドウェー島攻略が最優先という認識を崩さなかった。

かつて規律正しいまとまりを見せていた海軍。だが、一大決戦を前にそれは見る影もなかった。大本営・軍令部と連合艦隊司令部は組織の対立や摩擦があり、個人に目を向けると、連合艦隊司令長官（山本）と現場の前線を指揮する責任者（南雲）の衝突。海軍はアメリカ太平洋艦隊と戦う前に内部分裂を引き起こしていたのだ。

そして、致命的だったのが、海軍全体を包んでいた空気だ。真珠湾攻撃からの連戦連勝が影響してか、大本営・軍令部と連合艦隊には総じて楽観的な空気が流れていたという。そのため、ミッドウェー島攻略を模擬的に実行した図上演習のほとんどが成功ありきで進められ、マイナス要素はほとんど考慮されていなかったという。

ある図上演習では、アメリカ海軍の機動部隊から攻撃を受けて、連合艦隊の空母が撃沈される判定が出た。だが、連合艦隊参謀長・宇垣纏《うがきまとめ》は、「実際にはこんなことにはならない」と命中する魚雷や爆弾の数を少なく修正して撃沈しなかったことにする始末。これでは何のための演習かまったくわからないが、こうした修正が問題にならないほど海軍には楽観論が支配していたのだろう。

総じて言えることは、アメリカ海軍の主力と雌雄を決する戦いを前に、日本の海軍は慢心していたという事実である。

ちなみに当時の海軍首脳部人事を見てみると、大本営・軍令部のトップは軍令部総長の永野修身、海軍大臣が嶋田繁太郎《しまだしげたろう》だ。前述したように、「居眠り大将」の永野は自身の意見を持たず、部下が主張した対米開戦を後押しした一人。自らを「戦略戦術の天才」と自認していたが、結局のところ勝つか負けるかといった日米宿命論的な思想だっ

連合艦隊参謀長・宇垣纏（左）と海軍大臣・嶋田繁太郎（右）

た。当然、広い意味での戦略眼と長期的な戦略思想を持ち合わせているリーダーではない。

その永野よりもさらに評判が悪かったのが嶋田だ。東條英機内閣で海軍大臣に就任した嶋田は、もともと不戦論者だった。だが、開戦論者にして海軍の主戦派たちから崇敬を受けていた伏見宮《ふしみのみや》博恭王《ひろやすおう》の覚えがめでたかった嶋田は、伏見宮の助言によって自らの考えをあっさりと撤回。手の平を返すように主戦派の立場となり、日米開戦を主張した人物だ。

主体性のない態度が目立った嶋田は、常に東條を追従するような立場に終始し、海軍内からは「東條の副官」「東條の男妾」と非難され、後輩の海軍大将・井上成美からも「大器の器にあらず」の烙印を押されていた。

国家が危急存亡の時に、組織のトップがまるで頼りにならないこの現実が海軍の急所だった。

21 必然だったミッドウェーの悲劇

――連合艦隊初の敗北が太平洋戦争のターニングポイントに

●戦果を捏造する大本営

〈大本営発表　1942年6月10日〉
洋心の敵根拠地ミッドウェーに対し猛烈なる強襲を敢行すると共に、同方面に増援中の米国艦隊を捕捉猛攻を加え、敵海上及び航空兵力並に重要軍事施設に甚大なる損害を与えたり
一、ミッドウェー方面
（イ）米航空母艦エンタープライズ型一隻及びホーネット型一隻撃沈
三、本作戦に於ける我が方損害
（イ）航空母艦一隻喪失、同一隻大破、巡洋艦一隻大破

東太平洋の敵根據地を強襲
ミッドウエー沖に大海戰
アリユーシヤン列島猛攻
陸軍部隊も協力要所を奪取
米空母二隻（エンタープライズ、ホーネット）撃沈
わが二空母、一巡艦に損害
太平洋の戰局此一戰に決す
米攻防の戰略基點
北方侵略線遂に崩る

ミッドウェー海戦を伝える当時の新聞（昭和17年6月11日付の朝日新聞）。「わが二空母、一巡艦に損害」とあり、損害の実態と大きな乖離が見られる

1942年6月、大本営はミッドウェー海戦の戦果を発表した。それはアメリカ側の損害が空母2隻沈没、航空機150機の損失、巡洋艦および潜水艦がそれぞれ1隻ずつ沈没、日本側の損害は空母1隻沈没、空母1隻大破、巡洋艦1隻大破、未帰還の航空機が35機といった内容だ。だが、その大本営発表は誤報のレベルを遥かに凌駕する詐欺まがいのものだった。

実際の損害は、連合艦隊で中心的な役割を果たしてきた大型正規空母4隻（赤城・加賀・飛龍・蒼龍）を一気に失ってしまう壊滅的なものであり、太平洋戦争のターニングポイントになった日本軍の大敗北、これが真実である。

第一航空艦隊司令長官・南雲忠一

●第一航空艦隊司令官・南雲忠一の失敗

ミッドウェー島は、アメリカにとって太平洋における海軍の防衛拠点として絶対に手放すことのできない重要地域だった。そのためアメリカ海軍は、用意周到、準備万端でこの戦いを迎え、太平洋戦争序盤の「決戦」と位置づけていた。

対する大本営・軍令部や連合艦隊司令部のスタンスは、珊瑚海海戦を「完勝」と結論付けた大本営発表による戦果も大きく影響し、前項で述べたようにあまりにも楽観的だった。ミッドウェー海戦は、誇張された過去の戦果や戦訓をもとに作戦を組み立てることになる。

結局、大本営・軍令部が下した指令は、「ミッドウェー島の攻略と同時に、敵機動部隊が現れたら決戦に挑む」というような都合良く二兎を追う作戦だった。そのため、あくまでアメリカ太平洋艦隊機動部隊殲滅を目指す山本と、ミッドウェー島の攻略を第一義として最前線に立つ第一航空艦隊司令長官の南雲忠一の間で決定的な相違が生じ、負債を背負わされていたも同然の状態で決戦を迎えたのである。

さて、このミッドウェー海戦で勝負の行方を決めたのは、南雲忠一の判断と言われている。海戦の概要を見てみよう。

同年6月4日、午前4時30分（現地時間）、ミッドウェー海戦は、連合艦隊の航空部隊によるアメリカ軍基地攻撃で始まった。この攻撃はアメリカ航空機撃滅を目的とする奇襲作戦だった。しかし、暗号解読によってこの奇襲作戦を掴んでいたアメリカ海軍は、基地から航空機と空母を発進させており、奇襲は空振りに終わってしまう。

いきなり裏をかかれて次の選択を迫られた南雲は、アメリカ軍基地への攻撃が不十分と判断し、アメリカ海軍の空母出現に備えて航空機を温存させていた空母（「赤城」や「加賀」）に残っている航空機から魚雷を外し、陸上攻撃用の爆弾へと積み替える「兵装転換」の命令を出す。この海戦にアメリカ海軍の空母が現れないと判断したのである。

●痛恨の判断ミス

魚雷から陸上攻撃用の爆弾へ積み替える作業が終わろうとしていたその時、連合艦隊にとってまさかの事態が発生した。ミッドウェー島北東方面で待機していたアメリカ海軍の機動艦隊が突如として姿を現したのだ。しかも、アメリカ海軍の空母の数は、損傷して参戦不可能と考えていた「ヨークタウン」を含めた3隻の大部隊。タイミングが悪

炎上する空母・飛龍

いことに、赤城や加賀などの空母に残された航空機は、魚雷から陸上攻撃用の爆弾へ積み替える作業が終わろうとしていたところであった。

そこで南雲はいったん外した魚雷を再び積み替えて対艦兵装に戻す指示を出した。二転三転する指示の変更に現場が大混乱したのは当然で、空母の格納庫には無数の爆弾や魚雷が散乱していたという。そこにアメリカ軍の爆撃機が連合艦隊の空母を攻撃し、何発かの爆弾を命中させた。甲板上のガソリンを満載した航空機や格納庫に散乱する爆弾が次々と誘爆を繰り返し、赤城と加賀は瞬く間に大炎上し、壊滅的なダメージを受けたのである。

一連の流れはわずか数分の出来事だった。

●本筋以外の大本営・軍令部のミス

ミッドウェー海戦を総括する時、南雲の数々の判断ミスや総司令官としての能力を問題視する声が後を絶たない。しかし、一方で南雲も大本営による被害者と言えなくもない。その理由とは大本営・軍令部が行った人事だ。

大本営・軍令部は5月の定期異動人事を平時の慣例に倣って行ったが、6月に太平洋戦争の分水嶺とも言える大規模な作戦が控えているにもかかわらず大幅に人員を入れ替えたのである。このような官僚的な対応によって、事情のわからない人々もミッドウェー作戦に参加し、指揮を執るはめとなった。

南雲は水雷戦の専門家で操艦の技術は一級品と言われていた。実際、ミッドウェー海戦でも赤城を操作し、8本の魚雷を回避している。ただ、航空に関してはほとんど素人同然であり、機動艦隊のトップとしての人事は疑問が残るものだった。

機動艦隊の司令長官は、航空戦の第一人者として知られる小沢治三郎が適任との声もあったが、南雲より一期下であることや、成績順・年功序列を重んじる海軍における人事のしきたりから見送られている。

ちなみにミッドウェー海戦の大本営発表の内容は、最後まで修正されることなく、国民が歴史的大敗北を知ったのは戦後のことだった。

22 ガダルカナル島を巡る日米の攻防

——用意周到に計画されたアメリカの攻勢作戦

●判断を鈍らせた大本営のエリート意識

日本から直線距離にして約5500キロに位置するソロモン諸島最大の島・ガダルカナル（以下・ガ島）。現在は静かで平和な空気に包まれているこの島で、かつて約10万人の日米兵士が血みどろの激戦を繰り広げた。凄惨な玉砕戦として知られるガ島の戦いである。

ガ島を巡る攻防は、鬱蒼《うっそう》と生い茂るジャングルの中、島を死守するために日本軍が徹底抗戦して多くの命を落とした、というイメージが一般的かもしれない。だが、実際はアメリカ軍に占領されたこの島を奪還するために、日本軍が無謀な作戦を繰り返し、日本兵・2万人以上の尊い命が奪われた戦いであった。

そして、日本軍はこの攻防で膨大な戦力を消費し、太平洋戦争における日米の攻守が転換した戦いでもある。

島々が点在するソロモン諸島の中で、日本軍がガ島にこだわったのには理由がある。ミッドウェー海戦で痛恨の敗北を喫してしまった日本軍は、太平洋上の制空・制海権を確保しつつ、アメリカ軍以外の連合国としては最大の敵であるオーストラリア軍の動きを抑える必要があった。

1942年7月、日本軍がガ島に上陸すると、大本営は米豪の連携を遮断すべく、飛行場の建設を始める。急ごしらえの短い滑走路1本だけではあるが、ガ島は日本の南方における最南端の前線基地になった。

飛行場の建設を大きな脅威に感じたアメリカ軍は、反攻作戦をガ島の奪還から開始することを決定。同年8月7日から第一海兵師団1万9000人が上陸作戦を開始する。当時、ガ島に配備された日本軍の兵力はわずか500人足らず。当然、ガ島は瞬く間にアメリカ軍に占領されてしまった。

日本軍の前線基地であるガ島に充分な戦力が配備されなかった理由、それはアメリカを含む連合国軍が本格的な攻勢に出るのは1943年以降になるだろうという大本営の見通しの甘さ、そして、アメリカ軍の実力を過小評価していたからである。

大本営の怠慢はこれだけではない。ガ島の飛行場建設は、大本営の軍令部作戦課から

ガダルカナル島に上陸するアメリカ軍の海兵隊。電光石火の上陸は、日本軍にとって予想外だった

参謀本部作戦課に文書で通達されたが、陸軍では作戦課でのやり取りにとどまり、うまく伝達が行われなかったという。

大本営の上層部と言えば、陸軍大学校や海軍大学校を上位の成績で卒業し、恩賜の軍刀を授けられたエリート中のエリートである。いわば超高級官僚の彼らには「我こそが帝国陸・海軍を指導していく」といった自負があったが、アメリカ軍がガ島に上陸したという一報が中央に届けられた時、大本営にはガ島の正確な位置を把握している人間がほとんどいなかった。

これらのエピソードが象徴するように、大本営には長期的かつグローバルな視点で計画的に戦略を立てる人材が少なく、太平洋戦争の第2ラウンド以降は、いくつも穴があるような作戦が顕著になっていく。ガ島の戦いは大本営・参謀本部作戦課が戦略の立案・実行に深く関わっていたが、その中心人物は本書で何度も名前が挙がる辻政信と服部卓四郎、そして二人をバックアップした作戦部長・田中新一だ。

繰り返し強調するが、大本営・参謀本部のトップは作戦課であり、絶対的な権限を握っていた。つまり、作戦課の実務作業を牛耳る辻と服部らが大本営として陸軍を動かしていたわけだが、状況を打開するためには犠牲もいとわない強気一辺倒の姿勢や精神主義的な思考がはびこっていた。

そして、帰結するのは、かなり強引で短期的な思考で構築された戦略である。南方作戦の成功で崇められたその戦略も、その本質は、長期的、計画的、理論的な戦略とは言い難く、あまりにも敵の実力を軽視した粗雑な内容だったのである。陸軍にとってガ島は分水嶺に立っていた戦いだったのだが、大本営・参謀本部の作戦課にこうした意識を確認することはできない。

●無残な結果が待ち受けていた一木支隊

大甘な想定で実行された大本営・参謀本部の戦略。それまでは連合国軍の抵抗が弱かったことや、日本軍の勢いで何とかなってきたが、アメリカ軍が本腰を入れると数々の悲劇を生むことになる。

同年8月21日、大本営はガ島を奪還すべく一木《いちき》清直《きよなお》率いる歩兵第二八連隊、通称「一木支隊」を派遣した。

歩兵第二八連隊は、最強との呼び声も高い旭川第七師団に属し、陸軍の精鋭として知られていた。日露戦争における203高地攻略やノモンハン事件での活躍など、重要な作戦のほとんどに参加し、輝かしい実績を上げている陸軍屈指の部隊である。

この派遣に際し、一木に知らされていたのは、アメリカ軍の守備隊は2000人ほどという曖昧な情報だったという。根拠のないぼんやりとした情報しか得ることができなかった一木支隊は、約900人の兵士、機関銃8丁、大砲2門という脆弱な体制でガ島に乗り込んでいる。

だが、ガ島で待ち構えていたアメリカ軍はあまりにも強大だった。1万9000人の大兵力、さらに重砲、重機関銃、戦車なども配備し、いざ蓋を開けてみると、一木支隊の数十倍以上の戦力が待ち構えていたのだ。

こうした事情を知るよしもない一木支隊に戦慄が走ったのは当然だったが、最強と謳われた部隊にガ島から逃げ帰るような失態は許されない。かつて陸軍歩兵学校の教官を務め、日露戦争の旅順攻略やノモンハン事件で敢行した白兵突撃の効力を信じて疑わなかった一木が選択したのは、やはり白兵突撃の強攻策だった。いや、一木に選択の余地はなかったのかもしれない。

川の流れのように凄まじいアメリカ軍の十字砲火に、銃の先に付けた剣（銃剣）で相手を突き刺す原始的な攻撃で対抗しようとした一木支隊。それは一木支隊の全滅を意味するもので、わずか1日で致死率が85％にのぼる一方的な惨敗だった。自らも戦闘に参加した一木も戦死し、戦場になったイル川の水が血で染まるあまりにも無残な光景が広がっていたと伝えられている。

一木支隊全滅の一報を受けた大本営・参謀本部。一つの支隊が何もできず全滅したとあらば、その原因を探り、しっかりと善後策を講じる。軍事に関わっていれば誰もが辿り着けそうな思考だろう。

だが、大本営・参謀本部の考え方は違った。

多少の犠牲が出ても強気で攻め続けることで道が開けるといった思考に凝り固まった大本営・参謀本部は、同年の9月に川口清健《かわぐちきよたけ》率いる歩兵第一二四連隊（6000人）、10月には百武晴吉《ひゃくたけはるよし》以下の第一七軍戦闘司令部（2万人）の大兵力でガ島奪還作戦を敢行する。

兵士を増員し、戦車などの火力兵器を増やして粘り強く攻める、これは日露戦争の203高地を攻略した時と同じような戦略だが、時が流れて戦争のやり方が変わった上に、日本軍よりも高いレベルの国力と戦略を持ち合わせていたアメリカ軍にはまったく通用しなかった。

ガ島奪還の2次作戦・3次作戦の顚末は割愛するが、大甘の見通しで派遣されたガ島の日本兵にアメリカ軍と渡り合えるだけの戦力はなく、作戦は奪還の糸口すら掴めないまま失敗。それどころか充分な食料や地図をも持たされない日本兵は飢えや伝染病で次々と倒れ、ガ島はまさに「餓島」の様相を呈した。上陸した約3万6000人の日本兵は、戦闘で戦死したのが約5000人で、兵士の半分強となる約1万7000人が餓死と病死で命を落としている。

●戦いに勝つべくして勝ったアメリカ軍

大本営・参謀本部のずさんな情報収集とアメリカ軍の過小評価が原因で3度も失敗したガ島奪還作戦。そこに見えてくるのは、アメリカ軍の用意周到で綿密な戦略だ。そもそもアメリカ軍は、この戦争を太平洋上の島々を巡る攻防と想定した戦略をもとに動いており、その準備にも余念がなかった。

ガ島の攻防戦を反攻の第一段階と位置付けていたアメリカ軍は、日本軍を決して侮ることのない万全の体制で迎え撃っていたのである。その任務の重要な役割を担ったのがアメリカ海軍の海兵隊だ。アメリカ軍は太平洋戦争に備えて、1920年（大正9年）

から敵の島々に上陸を敢行する水陸両用作戦の専門部隊を育成するなど、ガ島の戦い以降も海兵隊の活躍が光った。

はるか遠い日本本土を目指し、アメリカ軍が太平洋の島々を攻め上がっていく構想。その第一歩がガ島攻略だったのだ。片や日本側と言えば、短期的な視点でガ島を勢力圏に治め、闇雲に勢力圏を広げようとした。

ガ島の攻防は、日米の陸軍部隊が本格的にぶつかった初めての戦いであり、海では連合艦隊とアメリカ太平洋艦隊がしのぎを削ったが、日本軍が勝てる要素はどこにも見当たらない。

23 繰り返された大本営・参謀本部の愚策

——あまりに無謀だったポートモレスビー攻略作戦

●戸惑いを見せ始めた大本営

現在の防衛省がある東京都新宿区市ヶ谷台。ここには太平洋戦争中、陸軍省や大本営・参謀本部が置かれていた。そして、その中心となっていたレンガ建ての建物が市ヶ谷1号館である。かつてここには大本営の参謀でもごく一部の人間しか近寄ることが許されなかった「奥の院」と呼ばれる部屋があった。

奥の院への入室は、陸軍士官学校や陸軍大学校で軍人の純粋培養教育を受け、その中でも最優秀と目された超エリート参謀しか許されていなかったと伝えられる。これらの日本の頭脳とも言える若き参謀たちを統率してきたのが大本営・参謀本部第一部長・田中新一、作戦課長・服部卓四郎、そして作戦班長・辻政信だ。

太平洋戦争開戦後、陸軍の軍令は大本営・参謀本部作戦課が独占的に司り、田中、服部、辻の3人と奥の院の立ち入りを許された人々、数にしてわずか10人足らずの参謀が何十万、何百万の生死と国の存亡をかけた作戦と戦略を立案・実行したのである。

ここで注目すべきは、太平洋戦争開戦から半年も過ぎると、大本営上層部が提案した作戦と戦略に綻びが見えてきたことだろう。すでに述べたように大本営・軍令部はミッドウェー海戦を混乱させ、大本営・参謀本部はガ島の戦いで安直な奪還作戦を3度も実行させている。

実はこのころ、大本営・軍令部作戦課は混乱に陥っていた。その様子が『日本海軍400時間の証言――軍令部・参謀たちが語った敗戦』（NHKスペシャル取材班著／新潮文庫）に記されているので引用する。

私たちが作戦室をセットで再現した際、印象的なこの地図を複製して掲げたのだが、「こんなに手を広げたのか」と思わず溜息が出た。この広大な戦域の作戦計画を立てていたのは、作戦課に所属する、わずか十人ほどの参謀であった。「無理がある」というレベルをとうに超え、狂気さえ感じてしまう。（中略）第七十二回反省会で、軍令部作戦課、佐薙元大佐は率直に当時の実情を告白している。

「軍令部の欠陥というか、欠点をちょっと申し上げますと、開戦前から、開戦になってから軍令部一課（作戦課）の定員は平時定員のままなんです。平時定員のままで戦争が忙しくなって、特に陸軍との折衝が頻繁にあると、それから作戦部隊との交渉その他もいろいろあると、あるいは戦地への出張もあると。（略）作戦が始まってから、日常の業務に相当追われている。

海軍の軍令部には、ロングスタンディングの計画を冷静に、日常の業務にかかわらず、長期、あるいは中期計画を検討している、日常のことにとらわれずに研究するというスタッフがいなかったと」

明らかにマンパワー不足で混乱している様子が伝わってくるが、実際の大本営はかなり追い詰められていたと言われている。それもそのはずで、当時の日本軍が占領や委任されていたエリアは約68万平方キロメートル。領海を考慮すると世界最大の国家が各地で戦っていた。その作戦の大半が10人程度で組織された作戦課に委ねられる。作戦とは敵を分析して計画を立案するわけだが、大本営の本拠地から遠く離れた現場では、日々変化する想定外の事態が次々に発生する。10人ほどしかいない作戦課が確実かつスピーディーな決定を下すことは無理があったのである。

●壮絶を極めたポートモレスビー作戦

ただ、大本営の同じ作戦課でも陸軍の参謀本部は、こうした状況でも依然として強気の姿勢を崩さなかった。無策無謀の強攻策は、ガ島奪還作戦と同時展開していた「ポートモレスビー作戦」でも繰り返されている。

ポートモレスビーとは現在のパプア・ニューギニアの首都。海を隔ててオーストラリアと向き合っており、大本営・参謀本部は、アメリカの反攻を食い止めるための拠点にしようと目論んでいた。これが「SN作戦（ソロモン諸島・ニューギニア東部における航空基地獲得設営のための作戦）」だ。先の珊瑚海海戦によって一時は断念されたが、大本営はポートモレスビー攻略を諦めきれず、攻略作戦のとっかかりとして現地の調査研究を南海支隊に命じた。

だが、調査結果は「兵站に問題があり、モレスビー陸路攻略は不可能に近い」というものだった。大きな山脈が連なるこの地域では、補給のめどがまったく立たないという報告である。しかし、大本営・参謀本部はそれをあくまで机上の計算だとし、突破口を見つけるようにさらに現地調査を進めさせたのである。

以上のような経緯からこのポートモレスビー攻略はあくまで「調査研究」であった。しかし、辻政信が現地司令部に姿を現したところで状況は一変する。「現地海軍と協定して「モレスビー攻撃に着手されたし」「天皇陛下が格別に心配している」とまで切り出した辻の言葉を、現地司令部（第一七軍令部）は大本営・参謀本部の方針転換と捉え、ポートモレスビー攻略命令の内示と受け取った。実はこれも辻の独断専行だった。

だが、ニューギニア島周辺の制空権は、すでにアメリカ軍に剥奪されている。この作戦を担当した南海支隊は、ポートモレスビーへ向かう行軍で空爆に晒され、ジャングルの道なき道を進み、最後に待ち受けているのは富士山より高い３０００メートル級の山岳地帯だ。最低限の食料と兵器しか携えていなかった部隊から多くの犠牲者が出たのは当然だった。

こうして、死にものぐるいで進軍している南海支隊に、大本営・参謀本部の方針は揺らぐ一方。ソロモン方面の戦況悪化に伴い、「南海支隊は前進を控えろ」「ココダ方面へ引き返して連合軍の上陸に備えろ」と二転三転する指令を出した挙げ句、最終的にはガ島の戦況悪化により作戦の中止命令が下された。南海支隊の目の前には目標地点となるポートモレスビーの海が眼前に見えていたにもかかわらず、だ。

すでに食料が尽きて多くの犠牲者が出ていた南海支隊の中には、「ポートモレスビーへ突入して食料を確保すべし」の声も上がった。だが、南海支隊長・堀井富太郎は「すべては大本営に基づく運命である」と苦渋の決断を下して後退。

完全に疲弊しきっての後退は来るときよりも過酷だ。オーストラリア軍の追撃と飢えと病気が重なり、1万5000人で編成された南海支隊の将兵たちはバタバタ倒れていった。最終的に生き残った南海支隊員はわずか1000人足らずだったと言われている。

大本営・参謀本部の理不尽な作戦に翻弄された堀井は、カヌーに乗って撤退していたが風にあおられて転覆。「天皇陛下万歳！」と言い残して海中へ没したと伝えられる。

ガ島奪還作戦に続き、ポートモレスビー作戦も失敗。戦況がジリ貧となるにつれ、大本営はこれ以上の戦力を投入することは無意味と判断し、ソロモン諸島の一部からの撤退を決定する。もちろん、ガ島からも撤退となったが、その決定は上陸部隊が行った最後の総攻撃から2ヵ月以上が経過した1942年12月31日のことであった。膨大な戦力を費やして何も得ることがなかったガ島の戦いはこうして終わった。

〈大本営発表　1943年2月9日〉
ガダルカナル島に作戦中の部隊は、昨年八月以降引き続き上陸せる優勢なる敵軍を同島の一角に圧迫し激戦敢闘、克く敵戦力を撃砕しつつありしが、その目的を達成せるに依り、二月上旬同島を徹し、他に転進せしめられたりガ島奪還作戦が始まってから半年後、大本営は国民にガ島からの撤退を発表。太平洋戦争開戦以降でガ島の戦いは初の「撤退」だったが、大本営は「転進」という曖昧な表現で伝えた。転進とは失敗でも敗北でもなく、目標を達成したことで方向転換し、別の方面に進んでいるという言い分である。

このころを境に、大本営発表は隠蔽や捏造が著しくなり、戦果発表よりも戦局の説明を重視するようになった。戦局の推移の発表が多くなった結果、日本軍が劣勢を強いられる一方で、大本営発表の回数は増えるという現象を生み出している。

24

81号作戦とダンピール海峡の悲劇

――現場の実情を知らない大本営

●ニューギニア島攻略に活路を見出した大本営だが……

日米が開戦してから2年が経過した1943年、戦局はミッドウェー海戦とガ島の戦いに勝利したアメリカ軍が本格的な反撃に移る段階を迎えていた。日本にとっては戦局が明らかに悪化していたが、大本営はガ島奪還を諦めるもソロモン諸島から完全撤退したわけではない、といった見解を崩さず、日本軍の南東太平洋最大の軍事拠点・ラバウルを中心に陸・海軍が共同して防衛体制を築いていた。

防衛体制の概要は、大本営が発表した「陸海軍中央協定」に沿ったもので、北ソロモンを陸軍、中部ソロモンは海軍が防衛し、連合国軍の攻勢を受けていたニューギニア島については、ラエ、マダン、ウエワク等の地区に兵力を増強する方針であった。

オーストラリアの北側に位置する熱帯の島・ニューギニア島。日米開戦後間もない

1942年1月、大本営は「ニューギニアおよびソロモン群島の要地の攻略を企画する」と決定し、日本軍は島の北部（約半分）を支配下に置いていた。

ニューギニア島は、アメリカ軍とオーストラリア軍を分断するための重要地域。大本営の戦略構想は、連合国軍の拠点である南部のポートモレスビーを攻略後、島の全域を支配するというものだったが、前項で触れたようにこの作戦は失敗に終わってしまう。ニューギニア島における日本軍の勢力は日に日に弱まるばかりであった。

そこで大本営は、ニューギニア島に増援作戦を計画する。それが「81号作戦」だ。8隻の輸送船に陸軍第五一師団6912人、海軍陸戦隊400名、大大砲・高射砲・対戦車砲など兵器、弾薬や食料2500トンを積み、駆逐艦8隻が護衛に当たる大がかりな輸送である。

大本営は、日本軍が撤退したニューギニアのブナ地区に代わる拠点として、海軍が飛行場を建設していたラエ・サラモア地区を選び、再びポートモレスビーを攻略すべくこの地に兵力を増員することを決定。その戦力を主力に中断していたニューギニア島攻略を一気に進めるという構想である。

だが、それは現場の詳しい実情を知らない大本営の机上の空論だった。すでにソロモン諸島の制空権はアメリカ軍が握りつつあり、ガ島を失って前線ラインの一角が崩された状況下ではニューギニア島攻略はおろか、81号作戦自体のリスクもかなり高かったのである。

当然、海軍の中には作戦を中止する声も上がった。水上雷撃戦部隊として活躍した第三水雷戦隊参謀の半田仁貴知《はんだにきち》は、「敵航空戦力によって全滅させられる」と進言し、81号作戦を担当していた第八艦隊作戦参謀の神重徳《かみしげのり》に中止を申し入れた。

いくら間違っている指示とわかっていても、大本営からの軍令は昭和天皇（大元帥）からの命令と同じ意味合いを持ち、絶対だ。半田の進言に対し、神は「大本営からの命令だから全滅覚悟でやってほしい」と答えるしかなかった。

●無謀な輸送で多くの兵士、２５００トンもの物資を失う

なお、81号作戦は、輸送地点を巡って現場の陸・海両軍が対立し、作戦決行前から暗雲が立ち込めていたという。海軍はアメリカ軍の主力が駐屯するブナから離れたマダンもしくはウエワクへ輸送する安全策を主張し、陸軍はニューギニア島攻略の要所と考えていたワウに近いラエへの輸送にこだわった。この対立は、大本営・参謀本部がニューギニア島攻略に鼻息を荒くしていたことから海軍が折れて、輸送地点はラエに決定する。

こうして同年2月28日から始まった81号作戦。結果はガ島奪回作戦やポートモレス

第81号作戦で攻撃を受け沈没した輸送船・太明丸

ビー作戦と同じくまるで意味がないものになってしまい、すべての輸送船と護衛の駆逐艦「白雪」「朝潮」「荒潮」「時津風」の4隻が沈没させられるという大惨事を招いてしまった。

戦死、または行方不明者が3500人、そして輸送船に搭載されたすべての物資を失った81号作戦。この作戦は、輸送船団がダンピールという海峡で壊滅したことから「ダンピール海峡の悲劇」と称されている。

81号作戦の失敗は、この地域の輸送がままならないほど戦況が悪化したことを意味し、ラバウルの現地軍ばかりでなく、大本営など軍部の中央に大きな衝撃を与えた。

しかし、大本営発表では、『駆逐艦2隻撃沈、輸送船5隻沈没、飛行機7機自爆および未帰還』と実情とはだいぶ異なる報告となっている。

結局のところ、ガ島を奪還できなかった時点で、ソロモン・ニューギニア戦線はすでに破綻に近い状態に陥っており、日本軍にニューギニア島を含めたソロモン諸島を掌握できる力はなかった。しかし、ガ島での敗北を単に一つの島を失ったくらいの認識だった大本営は、81号作戦を強行してしまったのだ。

明らかに旗色が悪くなっていく太平洋戦争の第2ラウンドで、日本軍は一致団結が必要な正念場を迎えていた。しかし、大本営の参謀本部と軍令部は、81号作戦の責任を巡って確執がさらに表面化するなど、組織としての欠点ばかりが浮き彫りになっていく。

25 果てしなく続いた日米の消耗戦

——ことごとく空回りした大本営の戦略

●山本五十六の「い」号作戦

大本営の戦略、そして、81号作戦の失敗に強い危機感を抱いたと言われている連合艦隊指令長官・山本五十六。本来であれば、大本営・軍令部に従属する立場の連合艦隊だが、真珠湾の英雄は「制空権ない所に制海権なし」の考えをより強く主張し始め、軍令部は窮地を打開する策を求めた。こうして1943年4月に始まったのが連合国軍の攻勢阻止を目的とした「『い』号作戦」だ。

この作戦は、連合艦隊の航空機をラバウル基地に集結させ、ソロモン諸島およびニューギニア方面で勢いづく連合国軍の戦力を撃破せんとする航空決戦である。この作戦は山本自らがラバウル基地で指揮を執っているが、連合艦隊の司令長官が陸上で指揮するのは初めてのことであり、意気込みの強さを感じられた作戦だった。

ただ、そこには物理的な問題が立ちはだかった。連合艦隊が集めた航空機は348機と少なく、さらにはこれまでの戦いが影響してパイロットが不足していたのである。

そのためこの作戦には、連合艦隊機動部隊の司令長官となっていた小沢治三郎が手塩にかけて育てたパイロットも投入されたが、苦肉の策とも自転車操業とも言えるこの判断は、消耗の激しかった連合艦隊の復活が遅れることにつながり、以降の海戦で大きな影響を及ぼすことになる。

このような経緯で始まった「い」号作戦は、敵艦18隻、航空機134機を撃墜したとして作戦終結を宣言した。しかし、実際の戦果は小艦艇や輸送船など数隻、航空機の撃墜は約30機にとどまり、連合艦隊の航空機は撃墜や被弾で3割が使い物にならなくなってしまった。実際は味方の損害に反して敵に与えたダメージは小さく、パイロットもさらに失う結果に終わっている。

思いのほか作戦の効果がなかったのは、目まぐるしく進化していたアメリカ軍の科学技術力が関係している。アメリカ軍はレーダーやコーストウォッチャーを駆使して連合艦隊の攻撃を事前に予測し、基地の航空機や在泊艦船を避退させていたのだ。

「戦争は科学を発展させる」とはまさにこのことで、時代は科学技術力がものをいう近代戦争へとシフトし、旧態依然のやり方で立ち向かう日本軍とアメリカ軍では決定的な

日比谷公園で行われた山本五十六の国葬の様子

差が生まれていたのである。
「い」号作戦が終わった同年4月18日、衝撃が走る事件が発生した。この日、山本は前線のブーゲンビル島へ視察するために航空機で移動していたのだが、アメリカ軍に暗号を解読され、待ち伏せしていた「P38」によって襲撃されてしまったのである。長官機は深いジャングルに不時着し、山本は戦死。海軍はもとより日本軍の象徴的な存在だった山本の戦死に軍部内には大きな動揺が広がり、大本営の公式発表に日本中が悲しみに包まれたという。

〈大本営発表　1943年5月21日〉
連合艦隊司令長官海軍大将山本五十六は、本年4月前線において全般作戦指導中、敵と交戦、飛行機上にて壮烈なる戦死を遂げたり

通常なら、個人の戦死は大々的に発表されず、よほど功績があった軍人でも陸海軍省

からの発表に留まるが、一人の戦死を伝えるために大本営発表が使用されたのは異例中の異例だった。

●日米両軍の消耗戦の先にあったもの

その後の太平洋戦線は、アメリカ軍の反撃が勢いを増すばかりで、日本軍の撤退と玉砕が相次ぐ散々なものだった。まず同年5月に北部太平洋でアリューシャン列島のアッツ島、11月には南東太平洋のマキン島とタラワ島の守備隊がそれぞれ玉砕する。

81号作戦の失敗で増援が絶たれたニューギニア島には、アメリカ軍が続々と上陸。取り残された日本軍は多くの戦死者を出し、飢餓と感染病とも闘いながらジャングルの奥地に撤退するしかなかった。なお、ニューギニア島では終戦まで小規模な戦いが続けられたが、大本営がこの島に投じた兵力約20万人のうち、生存者はわずか2万人と地獄絵図の様相を呈している。

こうして終わった太平洋戦争の第2ラウンド。日本軍は数十万人以上の兵士、約8000機の航空機、約70隻の艦艇という大戦力を投じてアメリカ軍に対抗した。ガダルカナル島とニューギニア島の戦いは日本軍が惨敗して後退が明らかになったが、一方のアメリカ軍も大きな損害を出している。日米の大戦力が太平洋上で激突した第2ラウンドを総括すると、「果てしなき消耗戦」だろう。

ガダルカナル島やニューギニア島で展開された無謀な作戦で、貴重な航空機や船舶を大きく消耗してしまった日本軍。特に物資の輸送を担う船舶の被害は甚大で、大本営は輸送面で白痴と思える無策無能ぶりを露呈している。

ここに船舶に関する興味深い話がある。開戦前、日本は世界第3位の船舶保有数を誇っていた。だが、大本営・軍令部が船団護衛をおろそかにした結果、終戦までに約88％の船舶がアメリカ軍に沈没させられてしまった。1944年に入ると、日本軍は南方の海上輸送ルートを失い、戦争継続能力を著しく低下させているが、それ以前の問題として資源を輸送する船がなかったという何ともお粗末な話である。

こうした大本営・軍令部の愚策は、「大艦巨砲の艦隊戦で敵を制圧し制海権を握る」↓「制海権を手中に収めれば輸送船団の護衛は必要ない」↓「最優先すべき攻撃目標は敵戦艦」↓「敵の輸送船は無視」というロジックから生まれている。

結果的に太平洋戦争の第2ラウンドでは、アメリカ軍の潜水艦に数多くの輸送船が撃沈された。一説によると、太平洋戦争の戦死者の約7割が餓死・病死だという検証例もある。つまり、輸送が滞り、前線に必要な物資がまるで行き届いていない状況があったのだ。

戦争論を語る名著『補給戦―何が勝敗を決定するのか』（マーチン・ファンクレフェルト著／中央文庫ＢＩＢＬＩＯ）の中にある「戦争のプロは兵站を語り、戦争の素人は戦略を語る」の格言が虚しく響き渡る。

戦闘によって失った多くの航空機や艦艇の穴を簡単に埋めることができなかった日本に対し、アメリカ軍は損失を補って余りある兵器の開発・製造が可能な国力を誇っていた。さらに緒戦のつまずきで戦訓を得て、近代戦争の主役になった航空機の開発・製造、パイロットの養成、そして兵站にも余念がなかった。

日米が消耗戦を展開していく過程で両国の戦力差は質・量共にますます拡大し、限界が見えてきた日本軍の後退は必然だったのである。

第四章　敗戦への軌跡

26 崩れ去る絶対国防圏

——日本軍を震撼させたトラック島の急襲

●大本営の新構想は時すでに遅し

太平洋戦争の第2ラウンドは、迫り来るアメリカ軍に防戦一方の惨憺たる結果に終わり、日本軍が占領していた太平洋の島々は次々と奪われてしまった。軍事力と科学技術力を駆使したアメリカ軍に対して日本軍は苦汁を飲まされ、日米開戦から2年が経過すると明らかに行き詰まりを見せたのである。

そこで1943年9月の大本営政府連絡会議は、従来の戦略方針をようやく見直すことになった。新戦略構想の主眼は、戦争遂行に必要不可欠な地域・地点を定めた「絶対国防圏」の設定である。これには広げすぎた戦線を縮小して、ガダルカナル島奪還作戦以降に続いていた激烈なる消耗戦から間合いを取り、その間に航空機や船舶などを始めとする戦力の充実を図るという意図があった。

絶対国防圏はカムチャッカ半島南端からマリアナ諸島、カロリン諸島、西部ニューギニアのヘルビング湾、さらにジャワ、スマトラの各島、ビルマがその範囲である。

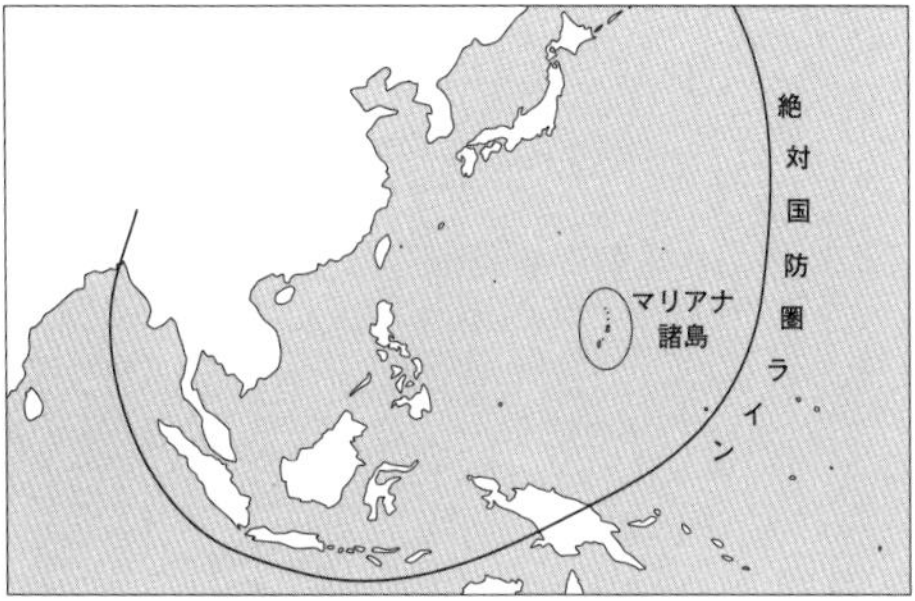

大本営が設定した絶対国防

ただ、この新構想を実現するためには、政治・経済・産業などあらゆる方面において総合的な施策を講じる必要があった。つまり、太平洋戦争開戦以来初めてといってもよい、大本営を含めた軍部と内閣の一致団結した新構想に着手したのである。

しかし、時すでに遅し。アメリカ軍の反攻勢力は、日本軍が考えていたものよりもはるかに強大で、圧倒的なスピードを持って迫っていたからだ。陸・海両軍の航空機や船舶などの兵備充実はおろか、新防衛線への兵力の配備すら待ってはくれなかったのである。

１９４４年（昭和19年）に入ると、アメリカ軍はこの絶対国防圏のラインに進出し、マーシャル諸島では日本軍のクェゼリン環礁守備隊、約１万人が玉砕する。クェゼリン島とルオット島は、日米開戦前から日本が委任統治していた島。開戦から3年も経過すると、アメリカ軍は日本の庭先まで侵攻するに至った。

●ほぼ無抵抗で消失した虎の子の戦力

同年2月17日、余勢を駆ったアメリカ軍は空母9隻、戦艦7隻など、太平洋戦争始まって以来最大の大艦隊でカロリン諸島のトラック島にも手をかけてきた。トラック島は中部太平洋における日本海軍最大の拠点であり、新型の零戦「52型」を含む虎の子となる航空機を配備した新戦略構想の要衝だ。そのトラック島にアメリカ軍は589機の大編隊で空襲を敢行したのである。それは日本軍のお株を奪う早朝の奇襲だった。

日本軍にとって不運だったのは、空襲時にパイロットの多くが外出を許可されて出払っていたことである。そのため反撃らしい反撃ができず、43隻の艦船と270機の航空機、戦死者7000人の甚大な損害を被ってしまった。

〈大本営発表　1944年2月21日〉

トラック諸島に来襲せる敵機動部隊は、同方面帝国陸海軍部隊の奮戦に依り之を撃退せり。（中略）我方も亦巡洋艦二隻、駆逐艦三隻、輸送船一三隻、飛行機一二〇機を失

いたる他、地上施設に若干の損害あり

アメリカ軍の2日間にわたる爆撃により、トラック島の軍事施設は壊滅し、燃料、食料、弾薬をほぼ消失。当初、海軍報道部の原案では「損害は甚大」と事実をありのままに表現していたが、大本営・軍令部を筆頭とする各所から修正が入り、「甚大」↓「相当」↓「若干」と被害の程度が書き換えられていった。

トラック島には戦況を好転させるべく戦力を集結させていただけに、この壊滅的な被害は大きな波紋を呼ぶ。この失態を犯した海軍に対し、陸軍省や大本営・参謀本部は、ここぞとばかりに容赦のない非難や罵声を浴びせ、陸軍と海軍はますます対立を深める結果になってしまった。新戦略構想を軸に日本が一丸となって敵に立ち向かう絶好の機会も虚しく、陸・海軍の確執はもとより、海軍内の大本営・軍令部と連合艦隊司令部の軋轢、陸軍内における東條英機内閣への不満など、ここにきて日本軍は崩壊寸前の状況に陥ってしまったのだ。

トラック島空襲から5日後、マーシャル諸島ブラウン環礁守備隊もあっさりと玉砕。アメリカ軍は、絶対国防圏を悠々と突破していくのである。

●アメリカ側にわたった海軍の軍事機密文書

トラック島の空襲が日本軍にとってさらなる負のスパイラルを引き起こしていたことをご存じだろうか。それは日本軍の最重要軍事機密文書がアメリカ軍にわたってしまった「海軍乙事件」である。

事の顚末はこうだ。トラック島の奇襲を受けて、連合艦隊司令部の要人はパラオからフィリピン・ミンダナオ島のダバオに飛行艇2機で移動した。1機には連合艦隊司令長官・古賀峯一ら8人、もう1機に大本営・軍令部長から連合艦隊参謀長に配属された福留繁ら9人が搭乗していた。

弱り目に祟り目とはよく言ったもので、2機の飛行艇は低気圧に遭遇して古賀は搭乗機が墜落して殉職。もう1機は海上に不時着した。福留らはカヌーに乗ったフィリピン人に遭遇して救助された……かのように思われた。しかし、不運は続き、そのフィリピン人は日本軍と戦っていたゲリラグループだったのである。その時、福留は海軍の軍事機密文書が入った鞄を持っており、ゲリラに奪われることを警戒して水中に破棄したという。

ところがゲリラグループはその鞄を拾い上げ、機密書類は連合国軍関係者に次々とリレーされてしまった。最終的にその書類はアメリカ太平洋艦隊司令部に届けられ、日本海軍の戦力、作戦、暗号などの最重要機密が丸裸にされたのである。アメリカ軍は労せずして日本海軍の手の内を知ったのだ。

　こうして日本軍はさらに窮地に陥ったわけだが、東京に戻って事情聴取を受けた福留は機密書類紛失の容疑を否定している。最終的に福留は海軍上層部に擁護される形で罪を逃れた。この事件を大本営・軍令部は極秘中の極秘として取り扱い、機密書類が奪われたことが公になったのはこれまた戦後のことである。

27 内閣総理大臣の三職兼任
——瞬時に崩壊した絶対国防圏の中核・サイパン島

●**遅すぎた大本営の構造改革**

日本にとって要衝だったトラック島が壊滅する緊急事態は、大本営に大きな衝撃を与えた。日本国内でも確実にアメリカ軍の足音が聞こえ始め、国家のリーダーたる東條英機は、焦燥感を募らせたと言われている。軍部からは批判が高まり、開戦直後の快進撃で東條をもてはやした世論も手の平を返す。

責任のすべてを押しつけられた四面楚歌の状況は、東條を大いに苦しめたことは想像に難くない。その時に東條が取った方策は、陸・海の大臣が大本営の参謀総長と軍令部総長を兼任する前代未聞の手段だった。

この前例のない方策に、真っ向から反対したのは大本営・参謀本部参謀総長の杉山元と大本営・軍令部総長の永野修身だ。永野は「私を代えるというなら大臣の行う人事に異存はない。しかし、海軍大臣と大本営・軍令部総長の一人二役は統帥に関して政治が関与する恐れがあり、統帥権の独立を害する恐れがある」と渋った。一方の杉山はヒトラーの独裁政権も引き合いに出して批判したが、東條は半ば強引に大本営のトップを更迭している。

こうして東條は、軍政の頂点の地位にある内閣総理大臣、陸軍軍政の長である陸軍大臣、軍令のトップとなる大本営・参謀本部参謀総長の三職を兼任。同じく海軍大臣の嶋田繁太郎も大本営・軍令部総長を兼任することになった。

内外から多くの批判を浴びた中で東條がなぜこの方策を講じたのかについては、行政（軍政）・統帥（軍令）システムの致命的欠陥に言及しなければならない。繰り返しになるが、当時の軍政と軍令は、まったく個別の存在だった。陸・海大臣は軍の人事・予算・制度などの軍政を決める立場にあるが、作戦や部隊運用といった軍令に関しては一切の指揮権がない。

東條は内閣総理大臣および陸軍大臣として、大本営には属していながらも、真珠湾攻撃の詳しい日程や作戦内容を把握していなかったのは有名な話だ。それほど軍政と軍令には確固たる線引きがあったのである。大本営の戦争指導をもどかしく見ていた東條は、難局を打開するために軍の指揮権を一本化し、この戦況を乗り越えようとしたのである。

こうした経緯で三職を兼任した東條は、このほかにも内務大臣、外務大臣、商工大臣、文部大臣、軍需大臣なども務めて自らに権力を集中させて、命令に従わない敵対者や反戦を唱える国民には憲兵や特高を使った弾圧を行った。

しかし、小手先の対応でどうにかなるほど戦局は明るくない。敗戦がいよいよ現実的なものになってきた時期だった。こうなると東條の求心力は急速に弱まり、内閣打倒運動が水面下で活発になっていく。

時を同じくして、敗戦や失敗続きの大本営も次第に鳴りを潜めてきた。田中新一や辻政信といったイケイケの強硬派が大本営から離れたこともあってか、無謀な作戦は減っていったが、全体像を考慮しないその場しのぎの命令と指導は相変わらずで、戦況はジリ貧になるばかりであった。硫黄島の小笠原方面陸海軍最高司令官・栗林忠道《くりばやしただみち》のように優秀な人材が現場で奮闘を見せた例もあるが、徹底抗戦するも軍や周辺部隊のサポートできる状況ではなくなり、最終的にはお決まりの決死の突撃という結末に終わるケースが相次いだ。

●サイパン島の実情も知らなかった大本営

小笠原諸島の南方に位置し、マリアナ諸島の中心的な島、サイパン。1944年（昭和19年）に入ると、大本営はこの島を絶対防衛圏の中核と位置付けた。

日本本土から航空機で4時間弱の距離にあるサイパン島が攻略されれば、アメリカ軍の新型爆撃機「B29」が続々と本土に襲来してくる。首都・東京をはじめ、各地の工業地帯が破壊されることは必至だ。

そんな事情もあってか、大本営は敵をパラオ近海に誘い込み、基地航空隊によってこれを迎え撃つという一大決戦「あ号作戦」を考案した。決戦地をパラオ近海にしたその根拠は、アメリカ軍の次の大規模進攻がパラオ諸島を有するカロリン方面だと予想していたからである。

ただ、この見解はアメリカ軍のマリアナ進攻をまったく考慮に入れていない。5月下旬の段階で、大本営・軍令部は「マリアナには来るには来るが、この時点で本格的に進出することはない」と高をくくっていたと言われている。

一方、サイパン島防衛の準備に入った大本営・参謀本部は、通常は1キロあたり3・3門を配置していた火砲を5門に強化し、師団の装備も最新鋭のものに変更することを指示。

また、大本営・軍令部作戦部長・中澤佑《なかざわたすく》は戦艦大和を引っ張り出し、精鋭部隊（第四三師団）と兵器弾薬、食料などを満載にした輸送に尽力し、サイパン島に最強の砦を築き上げようと奮闘した。大本営・参謀本部作戦課長の服部卓四郎が「マリアナは（防衛に）確信がある」と語り、東條英機も「決して占領されることはない」と胸を張ったという。

サイパン島を守備するのは、陸軍が第四三師団長・斎藤義次《さいとうよしつぐ》、海軍が中部太平洋方面艦隊司令長官・南雲忠一の約4万3000人。ガダルカナル島の戦い以来となる陸・海両軍の共同作戦に大本営、特に参謀本部は絶対の自信を持っていた。

大本営の基本戦術は、サイパン島に接近する船団を航空機が爆撃し、上陸してくるアメリカ軍部隊を海岸線で迎撃する水際作戦だ。

しかし、サイパン島を巡る実情は、大本営の思惑とはだいぶ違っていた。アメリカ軍はマリアナ進攻の前にニューギニア沖合のビアク島へ上陸を開始した。すると絶対防衛圏から外れているこの島の攻撃に対し、連合艦隊は独自判断で兵力を投入してしまったのである。こうした混乱の中、アメリカ軍は本丸のサイパン島への上陸作戦を展開した。

この時点でマリアナ沖周辺の制空海権はアメリカにあり、日本軍は防衛準備の段階で思うような輸送が行えない事態も発生していた。そのためサイパン島に堅固な砦など構築できなかった。

サイパン島の近海で行われた「マリアナ沖海戦」はどうだったのか。連合艦隊・機動部隊を指揮した小沢治三郎は、アメリカ軍の航空機からは攻撃できない距離から航空部隊を出撃させる「アウトレンジ戦法」を採用すれば充分に勝算ありと踏んでいたという。

しかし、そこにはある誤算があったことを連合艦隊は知らなかった。前項の「海軍乙事件」で触れた海軍の機密書類の翻訳により、アメリカ側は連合艦隊の作戦を把握していたのだ。

さらには最新鋭のレーダーも駆使し、連合艦隊の機動部隊の動きを完全に察知していた。作戦と位置情報がわかる戦闘ほど楽なものはない。アメリカ軍航空機「F6F」は、日本海軍の航空機よりも高い位置で待ち伏せし、逃げまどう日本軍機を次々に撃墜。こうして連合艦隊・機動部隊が訓練を重ねたアウトレンジ戦法は、水泡に帰してしまったのである。

この海戦におけるアメリカ軍の損失航空機は43機、対して日本軍は476機と10倍以上の損失を出している。戦闘があまりにも一方的で、日本軍の航空機の様子がよたよたと逃げる七面鳥に似ていたことから、アメリカ軍は「マリアナの七面鳥撃ち」と呼んだ。

サイパン島・ガラパンにおける市街戦

さらに日本海軍の空母「大鳳《たいほう》」「翔鶴《しょうかく》」「隼鷹《じゅんよう》」は、潜水艦や航空機の魚雷を受けマリアナの深い海底に沈んでいる。起死回生を狙ったマリアナ沖海戦だったが、事実上、機動部隊が壊滅するほどの圧倒的な大敗北で幕を閉じた。

大本営が思い描いていた構想は次々に破綻していったにもかかわらず、対応の悪さは相変わらずで、状況に即した作戦変更などの方向転換はされていない。

１９４４年6月15日未明、アメリカ軍２万人が空爆と艦砲射撃の援護のもとにサイパン島の西南海岸に上陸を開始。いざ戦闘が始まってみるとあまりにも一方的で、サイパン島守備隊は数日でほぼ壊滅。大本営があれほど自信を持っていたサイパン島の防衛は、わずか２週間で事実上の決着を見ている。

太平洋戦争が中盤に差し掛かると、緒戦の快進撃はまるで嘘のように大敗北が連続し、東條が三職を兼任してからの数ヵ月は、何もかもがアメリカ軍にかなわなくなってきたことを痛感させられる戦いが続いた。そして、敗戦がいよいよ現実的なものになっていくのである。

28 大本営に歪められた戦果と結果

――糊塗に塗り固められた台湾沖航空戦

●大敗北に終わった台湾沖航空戦

発信側にとって都合の良いものばかりで信用がおけない情報の代名詞として使われる「大本営発表」。この大本営発表が日本軍自らの足を引っ張る事態に陥ったのが「台湾沖航空戦」から「レイテ海戦」への流れだ。

マリアナ諸島の占領に成功したアメリカ軍が次に目指したのがフィリピン。その目標の最初の足がかりとして攻略を目指したのがレイテ島であった。アメリカ軍はレイテ島上陸にあたり、沖縄・台湾などの周辺の制空・海権を確保すべく日本軍の航空基地を空爆して回る。

対して日本軍は、第二航空艦隊長官になった福留繁らが中心となり、海軍航空部隊が反撃を決断した。ここに台湾沖航空戦の火蓋が切られたのである。１９４４年10月のことだ。

レイテ島攻略の前哨戦となるこの台湾沖航空戦、結果は日本軍の大惨敗であった。1000機以上の航空機が投入され、おおむね300機が海の藻屑と消えた。一方のアメリカ軍側の主な被害は、巡洋艦2隻が大破するも沈没はなく、極めて軽微なものである。

連合艦隊はミッドウェー海戦での敗北を皮切りに、ソロモン海戦、マリアナ海戦と連戦連敗の憂き目に遭い、所有していた空母をことごとく失う結果となった。逆にほぼ無傷のアメリカ海軍の空母艦隊は、破竹の勢いで日本本土へ迫ってきた。

追い詰められた大本営・軍令部は、台湾沖航空戦において圧倒的に不利な形勢を逆転し、アメリカ海軍の空母艦隊を殲滅させるための秘策を考案。大本営・軍令部作戦参謀の源田実が立案した秘策「T作戦」は、鹿児島県などの本土の基地から航空機を発進させ、魚雷によって空母を撃沈させる作戦である。

だが、この作戦は、「台風に乗じて決行する」「夜間攻撃する」など、パイロットに高い技術力を必要とするような条件がどんどん付け足されていった。そもそもT作戦の出発点は、経験豊富で勇猛なベテランパイロットが次々に戦死し、実戦経験のない初心者同然の操縦技術しか持っていない隊員が多いことから、戦術面でその不利をカバーすることにあった。

そのための策が、航空操縦の技術力を要する内容であるとはまさに本末転倒で、大本営・軍令部の混乱や逼迫、迷走ぶりがうかがい知れる。

●報告された大本営の戦果は大勝利

日本本土に残る貴重な航空機を犠牲にしながら大した戦果もなく終わった台湾沖航空戦。輪をかけて損害を拡大させたのが「戦果拡大」と「事実誤認」だ。この戦いの経過を見ていくと、さらにひどくなっていった大本営の指導力や欠陥が浮き彫りになる。

台湾沖航空戦は1944年10月12日から16日の間に数度にわたる大規模な戦闘が行われた。1回目の戦闘後には速報として次の大本営発表で戦果を知らせている。

〈大本営発表　1944年10月13日〉
一、我が航空部隊は十月十二日夜台湾東方海面に於いて敵機動部隊を補捉し夜半に亘り反覆之を攻撃せり。我方の収めたる戦果中現在迄に判明せるもの左の如し
撃沈　航空母艦一隻　艦種不詳一隻
撃破　航空母艦一隻　艦種不詳一隻
二、我方若干の未帰還機あり

実際は返り討ちに遭ったはずの航空部隊が、1回目の大本営発表の内容は、未確認の戦果を拡大して4隻の空母を撃沈・撃破したことになっている。

大本営発表が糊塗に塗り固められていても、この発表が国民に向けたものであれば重大な過失とはならないかもしれない。だが、この台湾沖航空戦、1回目の戦闘の戦果を受けて次の展開が計画され、作戦を実行した。日本軍優勢と見て、2回目以降の攻撃は、各地からかき集めた航空機を投入しての総攻撃を仕掛けたのだ。

開戦時に大本営・軍令部第一部長だった福留がこの時期の大本営発表を鵜呑みにしたかどうかは明らかになっていない。ここで見えてくるのは軍の上層部でも本当の戦況や戦果を把握できないほど切迫した状況であり、安易に総攻撃を敢行した事実だ。

あまりにも気の毒だったのは出撃した海軍航空部隊の未熟なパイロットたちだろう。戦闘能力を失っていると聞いて出撃したはずが、待っていたのはほぼ無傷で堂々と航進するアメリカ太平洋艦隊。訓練不足で未熟なパイロットがアメリカ太平洋艦隊の激烈な迎撃と対空射撃と渡り合えるわけもなく、いたずらに損害が拡大したのである。

そして、大本営は台湾沖航空戦を総括する発表を行った。

〈大本営発表　１９４４年10月19日〉

我が部隊は十月十二日以降連日連夜台湾及びルソン東方海面の敵機動部隊を猛攻し
其の過半の兵力を壊滅して之を潰走せしめたり
一、我方の収めたる戦果総合次のごとし
轟撃沈　航空母艦十一隻、戦艦二隻、巡洋艦三隻、巡洋艦若は駆逐艦一隻
撃破　航空母艦八隻、戦艦二隻、巡洋艦三隻、巡洋艦若は駆逐艦一隻　艦種不詳
十三隻其の他火焔火柱を認めたるもの十二を下らず
撃墜　百十二機（基地に於ける撃墜を含まず）
二、我方の損害
飛行機未帰還　三百十二機

額面通りに読み解くと、日本軍が撃沈・撃破した空母は計19隻と、アメリカ太平洋艦隊の空母がほぼ壊滅したような大戦果である。この発表に日本国内は戦勝ムードの提灯行列で湧き上がり、昭和天皇から連合艦隊に「御嘉尚《ごかしょう》の勅語（お褒めの言葉）」まで出された。では、まるで見当違いの戦果がなぜ計上されたのか――。まずパイロットの質に大きな原因があった。

初陣に等しいパイロットが、状況や戦果を完全に把握することは困難であり、「魚雷

は命中した」「火柱が上がった」などの具体性のない報告に終始していたという。

また、その報告を受けた基地の司令部には、帰還機が少ない激戦ゆえに敵にも相当の被害があるだろうという希望的観測が横行する。「魚雷は命中した」→それなら空母は撃沈しただろう、「火柱が上がった」→それは敵艦を撃破したからだ、などの都合の良い拡大解釈は、大本営発表の得意とするところ。

実例を挙げると、「空母（推定）に雷撃命中、そのほかに火柱を確認」との報告が、基地司令部によって「戦型不明の1隻、船種不明の1隻が轟沈」となり、大本営発表に至るまでに「撃沈・空母1隻、不詳1隻、撃破・空母1隻、不詳1隻」と戦果が変化していった。戦果を報告する各部署が話を盛っていく過程で、命中した1発の魚雷が「複数の敵艦を撃沈・撃破」となってしまう。うわさ話に尾ひれが付くかのように大本営発表が図らずも、現場で戦果が膨らんでいった側面もあったことは興味深い。

●大本営情報部の苦悩

ありもしない起死回生とも呼べる大勝利に軍部が沸き立つ中、台湾沖航空戦期間中に拠点となった鹿屋《かのや》基地へ赴いた大本営・参謀本部情報参謀の堀栄三は、基地内の雰囲気に違和感を覚え、この大戦果に懐疑的であった。この時の状況を詳細に描いている『大本営参謀の情報戦記』（文春文庫）から引いてみよう。


「○○機、空母アリゾナ型撃沈！」

「よーし、ご苦労だった！」

戦果がただちに黒板に書かれる。

「○○機、エンタープライズ轟沈！」

「やった！　よし、ご苦労！」

また黒板に書き込まれる。

その間に入電がある。別の将校が紙片を読む。

「やった、やった、戦艦二撃沈、重巡一轟沈」

黒板の戦果は次々と膨らんでいく。


堀の頭には疑問が絶えなかったという。実は以前にも似たような「虚偽報告」に直面していたからだ。１９４３年11月の「ブーゲンビル島沖航空戦」と「ギルバート沖航空戦」の大本営発表である。

堀がこの時までの大本営発表を総計すると、アメリカ海軍に空母が一隻もない計算に

朝日新聞

敵艦隊、船團を伴ひ
比島レイテ灣侵入
我軍陸海協同邀撃中
上陸の企圖示す

赫々・台灣沖航空戰
空母十九、戰艦四等
撃沈破四十五隻
敵兵力の過半を壊滅
五日に亙る猛撃
輝く陸海一體の偉業

誤った戦果を報じる朝日新聞（昭和19年10月20日付）

なったのだ。だが、勢いを取り戻して連勝を重ねるアメリカ海軍がそのような事態に陥っているはずもない。それどころかアメリカ海軍は、この時期あたりから作戦の内容が奇襲から強襲へと変貌していた。

堀は自分の直感を信じ、台湾沖航空戦の戦果報告が過大であると大本営・参謀本部へ電報を送った。しかし、大本営・参謀本部はもともと情報部のもたらす情報を軽視する傾向がある上に、陸軍が海軍の戦果に口を差し挟める立場にないと、その情報はうやむやに処理されてしまう。

では、堀の重要な助言を握りつぶしたのは誰なのか？　その可能性が極めて高いと言われているのが大本営・参謀本部作戦課にいた「昭和の参謀」こと瀬《せ》島《じま》龍三《りゅうぞう》その人だ。

功名心の焦りからなのか、現地軍の士気が高まる状況で今さら戦果を疑問視できないせいなのか、瀬島の行動によって間違いが間違いのまま認められ、台湾沖航空戦の大戦果が既成事実化されてしまったのである。

それからほどなくして、大本営・軍令部は、これまでの戦果が錯誤であることに気付いた。いや、気付かされたと言ったほうが適切かもしれない。それは偵察機が撃沈したはずの空母艦隊を発見するという冗談のような事態によるものである。

事態を重く見た大本営・海軍部は、再調査によって台湾沖航空戦の大戦果が幻であることを認める。にもかかわらず、内閣や国民はおろか大本営・参謀本部にもその事実を伝えずに真相を隠蔽していたというから驚きだ。

戦果に懐疑的だった堀栄三

戦果を捏造して多く見積もる虚偽報告が横行するばかりか、陸・海両軍の情報交換にも支障をきたし始めた大本営発表。以降の日本軍は必死の抵抗を続けるも、大本営発表の幻影を土台として組み立てる愚策に戦況を好転させる作用は当然なかった。

倒しても倒しても次々に現れるアメリカ軍。満身創痍で悲壮感さえ漂ってきた戦況を現場の日本兵と国民はどう見ていたのだろうか。

29 剣が峰、フィリピン大決戦

――60万の兵力を投入し約8割が没する

●大本営が導く決死の大作戦

ここで戦況の流れを整理するために時間を少し戻そう。

サイパン島陥落。大本営が掲げた絶対国防圏が突破され、本土への上陸の可能性がより現実味を帯びてきた。サイパン島を死守できなかったことや、内閣改造に失敗した東條英機内閣が退陣。後には朝鮮総督であった小磯国昭《こいそくにあき》を総理大臣に据えた小磯内閣が発足。1944年7月のことだ。

また、このときに小磯の提案で「最高戦争指導会議」が成立した。これは大本営政府連絡会議を改称したもので、会議の決定には構成員全員の出席が必要であることや幹事なしで会議を開くことがあるという申し合わせを行った。とはいえ、大本営政府連絡会議とほとんど変わっていなかったのが実情で、要は看板を取り替えただけである。内閣が変わっても大本営の重臣たちが舵を取る会議では戦争続行案が主流になるのは当然の話。

しかし、戦争が続くことになってもマリアナ沖海戦での一方的な敗北で多くの艦船を失った海軍は、アメリカ太平洋艦隊との決戦どころではない事情もあった。さらに台湾沖航空戦により海軍の航空部隊も壊滅的打撃を受け、これ以上の戦備強化は困難。フィリピン・台湾・沖縄といった防衛線を防御しつつ、南方の資源供給地域の防衛にも迫られる八方塞がりの有り様である。

切羽詰まった大本営はここで大勝負に出た。本土防衛・戦争継続のために必要不可欠な地域に敵が進攻した場合、戦力を極度に集中して必殺・必滅の反撃を行う旨の「陸海軍爾後ノ作戦指導大綱」を定めたのである。

この大綱に基づき大本営が策定したのが「捷号《しょうごう》作戦」だ。今後予想される決戦区域を四つに分け、いずれに敵が現れても戦力を総結集し、これを叩く戦略である。この作戦につながるのがレイテ島決戦及びフィリピンを舞台にした大決戦だった。

前段の台湾沖航空戦もこの捷号作戦の内に入るが、想定とは異なる突発的な戦闘であった。もともとの大本営による構想としては、陸軍がルソン島に大部隊を配置し、海軍および航空部隊がレイテ島やそのほかの地域をカバーしながら制空権を確保する方針であった。

大本営はフィリピンにおけるアメリカの進攻は南部、主としてレイテ島であると予想し、軍令部はレイテ島を巡る緻密な作戦を立てた。その最終的な作戦概要は、連合艦隊が誇る戦艦「大和」「武蔵」を擁する第二艦隊が主力となり、敵輸送船団・揚陸部隊を殲滅するというものだ。

この主力艦隊を是が非でもレイテ島へ突入させるために、おとりの艦隊を使って敵戦力の分散を図り、第一・第二航空部隊を中心とした基地航空兵力で敵空母を叩く連動性を要した緻密な作戦が組み込まれていった。

とはいえ、作戦の基本は捨て身の総力戦。同年8月に行われた捷号作戦に関する打ち合わせの際に、事の詳細を聞いた第二艦隊参謀長・小柳《こやなぎ》富次《とみじ》が、連合艦隊作戦参謀・神重徳に「連合艦隊司令部はこの作戦で水上部隊をことごとく潰してしまってもかまわないという考えなのか？」と疑問を口にした。大本営の総意として神はこう答えた。

「フィリピンを獲られてしまえば、本土と南方資源地帯とのルートは遮断され、日本は立ち枯れとなってついには戦争遂行能力も枯渇するであろう。そうなっては艦隊を保持していても宝の持ち腐れである。この際、どうあってもフィリピンを手放すわけにはいかない。したがって、この一戦に艦隊をすり潰してしまってもあえて悔いはない」
（『ドキュメント太平洋戦争全史』亀井宏著／講談社文庫）

●大本営の場当たり的な指導

一方の現場の陸軍はどうであったのだろうか？　フィリピン戦が絶対に死守せねばならぬ決死の戦いであることには変わりはないが、陸軍は当初ルソン島を主戦場と想定し、それに向けた準備を行っていた。ところが、大本営・参謀本部は先の台湾沖航空戦による大誤報を受け、海軍と共にレイテ島に乗り込む作戦を急遽採用したのだ。

フィリピン防衛隊司令官
山下奉文

この決定に対し、現場の陸軍は猛反発。ルソン島の守備を任されていた第十四方面軍（フィリピン防衛隊）司令官・山下奉文は、部下である大本営情報部・堀栄三の存在もあり、台湾航空戦の戦果を疑問視していたからだ。地理的条件に勝るルソン島で持久戦を展開するという作戦計画を考えていたのである。

しかし、大本営・参謀本部および第十四方面軍の上位組織となる南方軍総司令官・寺内寿一《てらうちひさいち》は作戦実行を厳命。こうして第十四方面軍は、直前になって決戦の場をルソン島からレイテ島に移すという場当たり的な作戦行動を強いられている。

1944年10月、レイテ島には6万人にのぼるアメリカ軍兵士が上陸し、第十四方面軍は防戦一方になってしまった。だが、海軍大本営発表によるとレイテ沖海戦では「空母8隻撃沈、7隻撃破」という大戦果である。

この海軍からの吉報（実際は虚報）を受け、大本営・参謀本部は兵力増強を指示するが、レイテ島への増援輸送はその多くが失敗に終わり、フィリピン戦線はじり貧に陥っていく。この作戦には約8万の兵力が投入されたが、帰還できた兵士は4000人に満たない。生存率、実に4％未満という太平洋戦争の中でも最も凄惨な部類に入る戦いとなったのだ。

この後、大本営は本土決戦の準備期間を少しでも得るために、長期持久戦を前提とした作戦を決行したが、現地軍がフィリピン各地で徹底抗戦の構えを見せたことでさらに被害が拡大した側面もある。

また、持久作戦に際し、陸軍の現場の指揮官である山下はマニラを放棄し、山間部でのゲリラ戦を企図していた。しかし、大本営、海軍（海軍陸戦隊マニラ海軍防衛隊を編成)、富永恭次《とみながきょうじ》率いる第四航空軍などが強硬に反対。結局、マニラは日本軍の死者約1万2000人、現地住民10万人以上が犠牲になる悲劇の地となってしまった。

●まさに命を賭けた捨て身の作戦

悲劇と言えば先の戦争で避けて通れないことがある。「特攻」行為だ。この悲壮を極めたレイテ沖海戦における航空部隊と言えばあの「神風《しんぷう》特別攻撃隊」、爆弾を積んだ零戦で敵の艦隊に突っ込んでいく捨て身の体当り攻撃を初めて行った部隊だ。

〈大本営発表　1944年10月31日〉

神風特別攻撃隊は、十月二十五日以来比島東方海面の敵機動部隊並びに輸送船団に対し、連続必死必中の猛攻を加へつつあり。同隊の収めたる戦果中現在迄に確認させるもの次の如し

撃沈　航空母艦三隻、巡洋艦一隻、輸送船一隻

撃破　航空母艦六隻、戦艦二隻、巡洋艦二隻、輸送船一隻、艦種不詳三隻

実は、この大本営発表に先んじて海軍省からも神風特別攻撃隊の出撃について発表が

あった。ここでは、部隊の構成員全員を紹介するなど、上記の大本営発表より詳しい内容である。

さらに、「悠久の大義に殉ずる」や「忠烈万世に燦たり」といった大袈裟な慣用句を書き並べ立て、戦意高揚のプロパガンダに使用された。こうした行いが特攻隊を「崇高な行い」と特別視させ、劣勢時にあっても口を挟むのがはばかられるような不可侵の存在へと導いたのだ。

実際には思ったほどに成果が挙げられなかったこの体当たり戦法。大本営発表では戦果を大幅に水増している。尊い犠牲というアンタッチャブルな存在ゆえに、大本営は戦果がほとんどなかったことを発表できず、一般市民やマスコミはもちろん、大本営や軍部内でもその戦果を疑うことを許されない奇妙な状況があったという。

30 歪められた大和心～非道なる大本営と指揮官たち～

――「特攻」が実行された背景とは？

●特攻誕生の裏舞台

「特攻」。その生みの親として、第一航空艦隊司令長官・大西瀧治郎《おおにしたきじろう》の名が挙げられ、独断で特攻を行った人物として語られることが多い。特攻が実行された経緯として、苦境に追い込まれた日本軍には捨て身の体当たりも辞さないような空気が現場でできあがり、特攻を志願する若い兵士の熱意に押され、やむなく繰り出した作戦である、というのがこれまでの通説であった。

果たして真相はどうであったのだろうか？

1944年10月、フィリピンを巡る死闘に防戦一方の日本軍。劣勢につぐ劣勢に、大西は爆弾を積んだ航空機による体当たり攻撃「特攻」を実行した。

第一航空艦隊の戦力はわずか零戦30機程度。レイテ島へ突進してくる海軍艦隊の助力

特攻の父と呼ばれる大西瀧治郎（左）と特攻兵器に対する関与が見られる黒島亀人（右）

となるのは難しい。そこでかねてから大西の着想にあった体当たりによる攻撃しかないと思い至り、第二〇一航空隊を中心に構成された神風特別攻撃隊を出撃させたのであった。

しかし、このような玉砕的な手法は、以前より大本営・軍令部を中心とした軍部内で話が持ち上がっていた。つまり、大西の独断ではなく、大本営が主導して冷酷無比の人間爆弾作戦を打ち出していたのだ。

●特攻に浮かび上がる大本営の影

海軍の黒島亀人。黒島は山本五十六の懐刀として4年にもわたって連合艦隊首席参謀を務めているが、その名誉ある一方で、大本営・軍令部第二部長として1944年

4月ごろに特攻兵器に対する要望を提出している。
これは人間魚雷「回天《かいてん》」や特攻艇「震洋《しんよう》」の原案となったものである。神風攻撃隊出撃の半年も前からすでに大本営・軍令部では捨て身の人間兵器の着想を得ていたのだ。

人間魚雷「回天」と搭乗員たち

もう一人、特攻決行の黒幕と目される人物がいる。軍令部・第一部長（作戦部）の中澤佑だ。中澤は回天の試作命令を出したにもかかわらず、戦後は一貫して「大本営・軍令部が特攻兵器の使用を要求したことはない」と主張し、「特攻は大西が言い出した」という言説を展開した人物であった。

だが、大本営・軍令部が関与していたことを窺わせるような資料が存在する。

海軍には「大海指」という大本営の軍令部総長が発出する作戦方針があった。これは軍令部総長が天皇から委任を受けた範囲内で細部事項を指揮官に指示できる軍令の一部だ。

『日本海軍400時間の証言——軍令部・参謀たち

が語った敗戦』（新潮文庫）によると、1944年7月21日に軍令部総長から連合艦隊長官にあてた「大海指」の中に、特攻を示した文言が含まれていたという。以下に一部を引用する。

「大海指第431号別紙というのが出ています。その中に、最後の3ページでありますけども、潜水部隊の作戦というのがありまして（中略）その次に奇襲作戦という項目がありまして、その二に〝潜水艦、飛行機、特殊奇襲兵器などをもってする各種奇襲戦の実施に努む〟、その三に〝局地奇襲兵力はこれを重点的に配備し、敵艦隊または敵侵攻兵力の海上撃滅に努む〟ということが明記しておるわけです」

この大海指が出されたのと同時期に前述の回天の試作が完成していた。ちなみに引用した大海指は大本営・軍令部第一部長の中澤佑と同部員・源田実の二人が中心となって起案している。

●陸軍も同調、完全に組織ぐるみの特攻作戦

特攻作戦を推し進めていく動きは陸軍も同じだった。ラバウル飛行第十一戦隊・

1944年10月、出撃前日の「神風特別攻撃隊」。大西瀧治郎第一航空艦隊司令長官（中央後姿の人物）と訣別の水盃を交わしている

上登能弘《じょうとよしひろ》がB17爆撃機に機銃全弾を命中させながら撃墜できなかった実体験をもとに、体当たり攻撃の必要性を現地司令部に訴えていたのだ。

さらに同年6月にサイパン・マリアナ諸島放棄にあたり開かれた元帥会議において、伏見宮博恭王が「何か特殊な兵器を考え、これを用いて戦争をしなければならない。航空機・軍艦・小舟艇とも特殊なものを考案し迅速に使用するを要する」と特攻・玉砕戦法を匂わせ、直ちに実行させるような発言が確認されている。

伏宮博恭王は、1932年から1941年までの長きにわたり大本営・軍令部総長を務めていたこともある海軍の重鎮。しかも、皇族だ。宮様の発言による影響力の大きさは言わずもがな、である。

そして、陸軍初の特攻隊を指揮したのが第四航空軍司令官の富永恭次だ。特攻隊生存者の証言によれば、富永は特攻の出撃前に一升瓶片手に訓示を垂れる、機体故障で帰還した隊員を罵倒するなど、信じられないような言動をしていたという。

ちなみに富永は、太平洋戦争開戦への急先鋒として過激な言動と行動を繰り返した人物でもある。東條英機の腰巾着と呼ばれ、大本営・参謀本部第一部長時代には仏印進駐に際し、参謀総長命令と偽って強引に進軍し、数百名の死傷者を出した。

また、レイテ島陥落時には視察を名目に上官に無断で台湾へ敵前逃亡するなど、愚行は枚挙に暇がない。

ともあれ、こうして特攻は、大本営が主導して当たり前のように実行されていくことになった。その証拠として、大本営・軍令部第一部作戦課の源田実が起草、同軍令部作戦部長の中澤により発信された電報には「神風攻撃隊」や「敷島隊」「朝日隊」などの呼称が記載されていた。この電報は神風特別攻撃隊が出撃する以前に打電されている。つまり、特攻が大本営による組織的に実行された作戦だったことは疑いの余地がない。

特攻の生みの親として知られる大西は、スケープゴートとしての役割を背負わされた。大西は特攻作戦に対し、自らを蔑むように評した「統率の外道」という言葉を発している。日本軍の現状と未来を予見していたとされる大西は、あえて特攻の生みの親の汚名を着て戦争をやり抜いたのかもしれない。

31 時間稼ぎの捨て石にされた10万の命

――特攻に住民犠牲、沖縄の悲劇はこうして起きた

●大本営と現地部隊の齟齬

アメリカ軍は、遂に沖縄にまで迫ってきた。事ここに至ると、大本営が採用できる作戦は限られている。短期の「決戦」か、長期の「持久戦」かだ。

１９４５年（昭和20年）1月、大本営は最高戦争指導会議で「本土決戦などの戦争指導大綱」を決定。この概要は、南西諸島や小笠原諸島で米軍に対し持久戦を展開しつつ、本土において作戦準備を固めた後、本土最終決戦を遂行するというものである。大本営は航空戦を主眼にした決戦を志向した。

一方の沖縄本島に司令部を置く現場部隊・第三二軍は、沖縄戦に向け地上戦重視の持久戦を展開しており、この土壇場に及んでも、作戦の意思統一や戦況認識のずれが大本営と現場で見られている。そもそも第三二軍には、大本営に対する根深い不信が刻み込

焦土と化した那覇市街上空を飛行する米軍の観測連絡機

まれていた。それもそのはず、大本営の本心は沖縄戦を本土決戦のための時間稼ぎと考えていたからだ。

沖縄戦での大本営は、アメリカ軍に航空戦による大打撃を与えることを目的とした「天号作戦」を策定した。これはサイパン陥落後、大本営が航空機が主体となる作戦の重要性を認識するようになったからと言われている。太平洋戦争幕開けの真珠湾攻撃によって航空戦の力を世界に示したにもかかわらず、今さら何を……と言いたくなる話ではあるが。

ともあれ、この作戦には沖縄島中部にある北・中飛行場の確保が必要不可欠である。しかし、第三二軍は飛行場のある地区を放棄する方針で、大本営の要求に応えなかった。第三二軍はこれまでの戦況から、日本軍に航空戦を全うできるような戦力がないことを見通し、大本営の指示を無視、第三二軍が本来立てた作戦を貫き通したのだ。

こうした理由を背景に、1945年4月1日の沖縄上陸に際し、アメリカ軍はわずかの抵抗も受けることなくあっさりと飛行場を陥落させたのである。後年、「ありったけの地獄を集めた」と形容されるほどの凄まじさをみせた沖縄戦は意外にも静かに始まった。

ただ、日本側からすれば一大事である。天号作戦を含む沖縄戦の根幹を揺るがす飛行場放棄に、大本営は動揺を隠せない。大本営ばかりではなく、第十方面軍、連合艦隊、陸・海軍の航空部隊と天号作戦に関与していた部隊がこぞって第三二軍に意見を具申した。執拗に飛行場奪還のための積極的攻勢の要求を重ねたのである。

外圧に耐えかねた第三二軍は、参謀長である長勇《ちょういさむ》をはじめとする首脳陣の大多数が「攻勢」への転換に賛同し、攻勢反撃に打って出た。しかし、この反撃は面子を保つためにやむなくといった風情で、大した戦果を挙げられなかった。そればかりか、二個大隊相当の兵力を失ったダメージのほうがはるかに大きいという散々な結果に終わってしまったのだ。

●大本営・軍令部から見る沖縄戦

連合艦隊司令部は、第三二軍の反撃・攻勢に呼応してアメリカ軍が中・北飛行場を使う前に航空部隊の総力戦を展開しようと画策した。その一環として、戦艦「大和」を筆頭とした残存水上部隊を持って沖縄に突入する「菊水作戦」を打ち立てる。連合艦隊最強にして虎の子の大和を使用した特攻である。

実はアメリカ軍の沖縄上陸と同じ4月1日、大本営は「昭和二十年度前期陸海軍戦備に関する具合」を行ない、そこで陸・海両軍の特攻を決定した。この作戦は航空機だけではなく、日本が誇る巨大主砲を備えた最強の戦艦も例外ではなかったのである。

ちなみに、この「昭和二十年度前期陸海軍戦備に関する申合」は、同年1月あたりから大本営・参謀本部三課と同軍令部第二部によって草案が作成されたのであるが、その中心人物は大本営・軍令部第二部長・黒島亀人。「人間魚雷・回天」を考案したその人である。

こうして大和は特攻のために出撃した。その際に、連合艦隊作戦参謀長・草鹿《くさか》龍之《りゅうの》介《すけ》が、大和に乗艦した第二艦隊司令長官・伊藤整一へ「一億総特攻の魁《さきがけ》となっていただきたい」と海軍兵士としての心意気を見せろと迫った。

伊藤と言えば大本営・軍令部次長として本書にたびたび登場した人物だ。世間的には大和最後の艦長として運命を共にしたイメージが強い。

しかし、伊藤は、先にも述べたように軍令部次長として、ミッドウェー海戦、あ号作戦、レイテ海戦と関った戦いがことごとく失敗に終わっており、今回の菊水作戦はその尻ぬぐいとして「死を持って責任を果たせ」という意味合いもあった。海軍軍人としての花道である。

ただ、その花道は壮絶ながらもあっけないものだった。伊藤と大和は晴れ舞台になるはずだった沖縄に到達する前に屋久島の西方でアメリカ軍航空部隊約400機の来襲に遭遇し、2時間に及ぶ死闘の末、あえなく撃沈されている。

〈大本営発表　1945年4月8日〉
我航空部隊並びに水上部隊は四月五日夜来沖縄周辺の敵艦船並びに機動部隊を反復攻撃せり（中略）
二、我方の損害
沈没　戦艦一隻　巡洋艦一隻　駆逐艦三隻

こうして日本が誇る巨大砲戦艦・大和は、3700人の乗組員と共に海の藻屑と消えたわけだが、国民には撃沈した事実はおろか、出撃すら知らされていなかった。このころになると、大本営は情報を大幅に規制する動きを見せ始めていたからだ。だが、もはやこの期に及んで矛盾だらけの大本営発表を額面通りに信

アメリカ軍機の猛攻を受け炎上する大和

じる国民は少なくなり、文体や表現などから本当の戦局を読み取ろうとする人が増えていったという。

戦艦部隊が静かに幕を閉じた一方、航空部隊による特攻作戦は、陸海軍合わせて524機におよぶ航空機が4月6日から22日まで、断続的に計画を実行した。最終的には菊水作戦「10号」まで行われている。1号作戦の特攻は、捨て身の攻撃に慣れていないアメリカ軍のパニックなどによって戦果を挙げたが、次第に尻すぼみとなり、大本営が期待するような戦況の好転は成し得なかった。

5月31日、沖縄本島では、アメリカ軍が第三二軍の司令部のあった首里を占領。日本軍は先だって南部に撤退していたが、アメリカ軍は進攻作戦を継続し、沖縄全土が血に染まった。このとき、日本軍兵士はもちろんのこと、ひめゆり学徒隊など駆りだされた沖縄の地元住民たちも一緒に犠牲となり、最終的な住民の犠牲者は約10万人に上っている。沖縄戦が「地獄」と言われた主因はここにある。

アメリカ軍の徹底した掃討作戦により、第三二軍や海軍の幕僚が自決を重ね、大本営は6月25日に沖縄の日本軍玉砕を発表。こうして沖縄戦は終焉した。

32 太平洋戦争の終わりにまつわる騒乱
――幻の大本営移転計画

●迷走する大本営が混沌を生む

沖縄で激しい戦闘が行われている間、日本本土では大本営・参謀本部主体で展開した「決号作戦」が実行されていた。この作戦は本土決戦へ向けた防衛戦を指す。作戦の構想は、内陸持久戦を主軸とした「後退配備による沿岸撃滅」というもの。要は本土決戦へ向けた下準備にあたる。

一応は本土決戦を見据えた戦略的作戦の様相を呈してはいたが、場当たり的に作戦内容を変更したり、大本営の上層部や政府首脳部、昭和天皇の意向によってその都度方針が変わるといった迷走を繰り返していた。

本来、大本営の防御手段は、沿岸部で上陸してくる敵部隊を待ち伏せて殲滅する「水際作戦」を採用していた。しかし、サイパン・レイテ島の失敗、硫黄島・沖縄の抵抗善戦を教訓として、本土決戦では持久戦・後退配備でいく流れとなり、1944年10月15日には、近衛第三師団と留守近衛第二師団がそれぞれ九十九里と相模湾に沿岸築城を行った。

このような基本戦略の変更には、前述した作戦成果や兵力の不足などの本質的な問題と共に、大本営の「松代移転計画」が少なからず影響している。

大本営は、現実味を帯び始めたアメリカ軍による本土襲撃によって大本営の運営が機能しなくなることを恐れた。そのために大本営・参謀本部の一部で大本営を長野県の松代に移転させる計画が浮上。移転を計画されていたのは大本営だけでなく、政府の各省庁機関、放送局や電話局、そして皇居といった小さな首都機能の転移、すなわち遷都と変わらない内容となっていた。

移転計画のあった松代につくられた象山地下壕内部

しかし、昭和天皇は自分には知らされずに極秘裏に進められていた大本営移転計画を打ち明けられた時、強く難色を示した。この昭和天皇の態度が影響したのか、大本営・

参謀本部は着々と進めてきた「後退配備による沿岸撃滅作戦」を撤回し、急転直下で再び従来の水際作戦を指示したのである。

「根こそぎ動員」と呼ばれた国民勤労動員令によって200万からの兵力補充を果たすなど、持久戦・後退配備の準備を重ねてきたにもかかわらず、計画は昭和天皇の一言であっさりと頓挫。日米開戦から3年以上が経過し、いよいよ最後の砦になる本土防衛の段になっても、大本営のドタバタぶりは相変わらずだった。

大本営移転を巡る事の顛末を受け、1945年6月20日、大本営参謀次長・河辺《かわべ》虎四郎《とらしろう》の名で通達された「本土決戦根本義ノ徹底ニ関スル件」において、「本土決戦である以上は徹底攻撃を行い、沿岸配備師団を水際に推進させ、混乱状態を形成しつつ後方兵団が遮二無二突撃する」という戦法を指導した。

水際作戦に「玉砕」が付加された格好だ。太平洋戦争の最終章。その中でもクライマックスとなる本土決戦においてさえも大本営は一貫性を持てず、信じられないような迷走を繰り返すのであった。

●戦争終結へ向けて

迷走していたのは大本営だけではない。天皇を中心とした日本の中枢はすべてこの時期に混乱をきたし、混迷を極めていた。その中で特に問題となったのが「戦争の終わらせ方」だ。日米開戦前から棚上げにしてきた戦争の終結を巡って陸軍、海軍、内閣、そして、昭和天皇がそれぞれに思いを馳せ、解決の道を探っていた。

まず戦争終結に断固反対したのが陸軍だ。野戦を戦える兵力と場所がある限り戦争は継続可能だという認識が支配的で、降伏するにしても「一撃」をもって少しでも有利な条件を引き出そうという思想が主流だった。

一方の海軍は、建前上、陸軍と同様に本土決戦を辞さない戦争継続を主張するも、大本営・軍令部や連合艦隊は本土決戦に淡白で、本音では戦争責任の回避など終戦工作へと考えが及んでいた。つまりはこの期に及んでも海軍は面子にこだわった形で、陸・海の根深い対立と溝が修復することは最後までなかった。もっとも海軍は、すでに連合艦隊が崩壊しており、徹底抗戦できるだけの戦力を保持していなかったという事情もあった。

当時、精神的に参っていたとされる昭和天皇はと言うと、最後の大本営・参謀本部参謀総長になった梅津美治郎《うめづよしじろう》を筆頭とした陸軍に寄っていたと伝えられる。大本営に対してところどころで違和感を覚えつつも、戦争継続を支持していたのである。

1945年6月8日、大本営は御前会議でドイツ降伏後の国策を決定し、その中でアメリカ軍への徹底抗戦をうたいあげている。戦争目的を国体護持と皇土（日本本土）の

●昭和（大本営設置）以降の御前会議

	開催日	議題
第1回	昭和13年1月11日	支那事変処理根本方針
第2回	昭和13年11月30日	日支新関係調整方針、東亜新秩序建設
第3回	昭和15年9月19日	日独伊三国同盟調印
第4回	昭和15年11月13日	支那事変処理要綱、日華基本条約案
第5回	昭和16年7月2日	情勢の推移に伴う帝国国策要綱決定
第6回	昭和16年9月6日	帝国国策遂行要領（対米英開戦準備）
第7回	昭和16年11月5日	帝国国策遂行要領（開戦を辞せざる決意のもとに外交交渉）
第8回	昭和16年12月1日	対米英蘭開戦
第9回	昭和17年12月21日	大東亜戦争完遂のための対支処理根本方針
第10回	昭和18年5月31日	大東亜政略指導大綱
第11回	昭和18年9月30日	今後採るべき戦争指導の基本大綱（絶対国防圏の設定）
第12回	昭和19年8月19日	今後採るべき戦争指導の基本大綱（比島決戦）
第13回	昭和20年6月8日	今後採るべき戦争指導の基本大綱（本土決戦）
第14回	昭和20年8月10日	国体護持の条件確認、ポツダム宣言受諾の可否
第15回	昭和20年8月14日	ポツダム宣言受諾

合計15回の御前会議で昭和天皇が意思を表明することは
ほとんどなかった

保衛の二項目に限定し、この目的を達成するためにあくまで戦争を続ける決定を下した。

だが、同年6月22日に事態が大きく動く。昭和天皇は最高戦争指導者会議の構成員に自ら招集をかけて御前会議を行った。このとき集まったのは、第42代内閣総理大臣・鈴木《すずき》貫《かん》太郎《たろう》、外務大臣・東郷茂徳《とうごうしげのり》、陸軍大臣・阿南惟幾《あなみこれちか》、海軍大臣・米内光政、大本営・参謀総長・梅津美治郎、大本営・軍令部総長・豊田副武《とよだそえむ》の6人。

この緊急御前会議では、しきたりを破って昭和天皇が最初に発言することで始まった。

「戦争指導について6月8日の会議

で方針を決定したけれども、戦争の終結についても、この際いままでの観念にとらわれることなく、速やかに具体的方策を考究して現実につとめてもらいたい」

昭和天皇は立憲君主の天皇、そして陸・海両軍の最高指揮官である大元師としてここに戦争終結の意志を明確にし、日本は全体として戦争終結へ舵を取るに至った。

まさに鶴の一声であった。

結論が決まっている御前会議は儀礼的な性格が強く、昭和天皇は一切発言しないのが通例だ。ただ、激動の戦中期に自らの意思を表明した御前会議が2回あるとされている。

1度目は明治天皇の御製を詠む形で対米開戦回避を示唆した第6回。そして2度目がポツダム宣言を巡って御前会議が紛糾した際に受諾の決断を下した1945年8月10日の第14回だ。ただ、戦争終結の意思を同年6月8日の御前会議で表明しており、2度目の意思表明はこの時ではなかったか。

敗戦後に認められる領土、軍人達の扱い、そして国体護持。日本が降伏すればそれらの行方は連合国に委ねられ、昭和天皇が戦争責任を問われかねない状況すらあった。

それでも昭和天皇はすべての可能性を内に宿した乾坤一擲《けんこんいってき》の聖断を下した。

●大本営の最後

ドイツの首都・ベルリンの郊外にあるポツダムでは、アメリカ大統領のハリー・トルーマン、イギリス首相のウィンストン・チャーチル、ソ連書記長のヨシフ・スターリンが戦後処理を話し合うために集まっていた。この会談で日本に降伏を勧告する最後通告「ポツダム宣言」が採択され、１９４５年7月26日、世界に向けて発信される。

これを受けて7月27日に行われた最高戦争指導者会議ではさまざまな意見が出るも、最終的にソ連特使である近衛文麿の訪問を待って対応を決めるべきだという東郷茂徳外務大臣の意見が支持された。つまり、宣言への回答を保留・延期するという判断である。

この時、マスコミからポツダム宣言に対する政府の意志について聞かれたが、鈴木貫太郎がのらりくらりと本音を隠した説明を新聞が「黙殺」として掲載。この内容が情報として海外へ拡散されていくうちに「無視」「拒否」の含みを持つものに変わっていき、それを知った連合国は日本に鉄槌を下す決断をする。

同年8月から終戦までの約2週間、この間は日本にとってあまりにもめまぐるしく、そして酷すぎる時間が流れた。2発の原子爆弾投下、そして、ソ連の太平洋戦争参戦が決め手となり、昭和天皇の聖断による無条件降伏の承認、8月15日の玉音放送にたどり着く。

戦艦ミズーリで降伏文書に書名する重光葵外務大臣

ここに3年8ヶ月におよんだ太平洋戦争は幕を閉じたが、日本の中枢組織がまとまりを見せない2週間の間に、一般市民を中心として多くの血が流れている。

その後、アメリカ戦艦ミズーリの甲板で降伏文書調印式が行われ、3年8ヵ月にわたる太平洋戦争に終止符が打たれた。

長きにわたり日本軍を動かしてきた大本営は、連合国最高司令部の司令により、同年9月13日に廃止されている。

33 陸・海を統合できなかった大本営

——多くの問題をはらんだ最高統帥機関が見せた綻び

●時間の経過と共に本義を失っていった大本営

これまでに明治維新から日本軍の成り立ちと、日清・日露、そして太平洋戦争終結までを「大本営」の視点を中心に見てきた。本項では大本営の組織としての欠陥を総括し、太平洋戦争に与えた影響と惨憺たる敗北を招いた要因について考えてみたい。

何度も繰り返しているが改めて大本営を定義すると、「戦時または事変の際に設置された陸・海軍の最高統帥機関」である。日本軍には大本営・参謀本部と大本営・軍令部の独立した軍令機関が置かれていたが、いざ有事の際に陸・海の指揮系統が分かれたままでは適切な軍事行動が行えない。大本営が設置された究極的な意義とは、「日本軍が戦争で勝利するためにする陸・海両軍の統制」である。

だが、実際はどうだったか——。

大本営が本義的な意味で機能していたのは日露戦争までだった。設置条件が拡大した日中戦争のころになると、陸・海両軍の平等が達成されたことで陸軍と海軍はますます対立し、そういった空気が大本営内にも持ち込まれたことは本書で何度も指摘している。陸・海、ひいては大本営の参謀本部と軍令部の対立は明治初頭から根深いものがあるが、1937年に大本営令が制定され、大本営の頂点に参謀総長（陸軍）、軍令部長（海軍）という二人の幕僚長が鎮座してしまったことが日本軍を複雑にした最大の要因と言えるのではないか。

歴史を遡ると、もともと日本軍は1907年（明治40年）に策定された「帝国国防方針」に沿って、仮想敵国を陸軍がソ連、海軍がアメリカとみなし、戦力と戦術を拡充してきた経緯があった。そのため陸軍と海軍の間には、戦略を中心としてあらゆる面で埋めることのできない溝が浮き彫りになっていた。

海軍にいたっては大本営・軍令部とそれに従属すべき組織の連合艦隊司令部の足並が揃わず、日中戦争のころになると、かつての規律正しい海軍の姿はすでになかった。陸軍も統制派と皇道派の派閥闘争、大本営・参謀本部の権力集中や関東軍の暴走など、規律のなさは海軍以上だろう。

その象徴的な事例が田中新一の「馬鹿野郎事件」だ。この事件はガダルカナル島奪還にこだわる大本営・参謀本部が陸軍用船舶の増徴を要求したことから始まった。大本営・参謀本部要求が閣議で否決されると、田中新一は首相官邸まで出向いて激しく強要を迫るが、東條は「閣議決定通り」と突っぱねた。この態度に激昂した田中は「馬鹿野郎」と捨て台詞を吐いて帰っていったという。

陸軍士官学校では、東條は田中よりも8期も先輩。また、陸軍内で権勢を誇った派閥の一夕会でも東條の立場は田中よりも上だった。東條に指導力や求心力がなかったと言えばそれまでだが、戦況が悪くなるにつれて序列や規律を重んじていたはずの日本軍は、見る影もなくなった。

組織や人間関係など、複雑怪奇な背景が蜘蛛の糸のように絡み合い、陸・海はそれぞれで問題を抱える。こうした空気が支配する中で、大本営による陸・海両軍の統制がますます難しくなっていったのは必然だったのかもしれない。

●煮え切らなかった大本営政府連絡会議

こうした陸・海両軍の対立問題を考慮し、重要案件を国益に沿う形で協議するために大本営政府連絡会議が設けられたわけだが、そこにもウィークポイントがあった。組織が対立した際に最終的な決定を下す上部機関が欠けていたのである。

そのため日本の将来を決定するような局面に立ったとき、大本営は陸・海両軍の主張を取り入れた一貫性と整合性を持たない折衷案と問題の先送りを模索し続け、「日本軍が戦争で勝利するためにする陸・海軍の統制」の本義から目を背けてしまった。

大本営政府連絡会議の煮え切らない体質は、1942年3月の会議で決定した「今後採るべき戦争指導の大綱」の中に見られる。第一項には「英を屈伏し、米の戦意を喪失せしむる為、引続き既得の戦果を拡充して、長期不敗の政戦略態勢を整えつつ、機を見て積極的の方策を講ず」とある。

この第一項は、海軍が主張してきた積極攻撃による短期決戦と、南方資源獲得によって長期持久戦態勢を確立したい陸軍の意向を汲んだ妥協的折衷案である。この決定を聞いた内閣総理大臣の東條英機が「これでは意味が通らぬではないか」と不満を漏らしたというが、短期戦と長期戦とでは戦略の根本的な部分に相違があるという正論だろう。

●組織としての綻びが多かった大本営

大本営がうまく機能しなかったもう一つの理由、それは各々の部署が独立しているという組織機構上の欠陥である。例えば、大本営・参謀本部では、組織の頂点に立つ作戦課があらゆることを独断的に決定してきた。こうして行われた数々の愚策によって日本軍は消耗し、多くの人々の命を奪ったことは述べた。

さらに問題だったのは、同じセクションの情報部を作戦課が軽視したことだ。科学の急激な進歩に伴い、戦い方が変わった太平洋戦争は、暗号やレーダーなどの「情報」が勝負を分けたが、作戦課は同部署の方針を絶対とする姿勢を崩さず、情報部が有益な進言をしてもまるで意に介していない。それどころか、作戦課に都合が悪いとあらば、情報自体を握り潰すことさえあったほどである。

情報を共有することが少ない環境は、情報の不一致による弊害を引き起こす。台湾沖航空戦からレイテ島決戦へと続く負のスパイラルは、情報の不一致が引き起こした惨劇にほかならない。大本営・参謀本部の同一セクション内でもこのような縦割り組織の弊害が頻発する有り様である。共に強大な組織だった大本営の参謀本部と軍令部が歩調を合わせることなどできるはずがなかったのである。

片やアメリカ軍が大本営の欠陥を補うような組織構造を持っていたことは興味深い。アメリカ軍の上級組織は、陸軍が「参謀本部」、海軍が「作戦部」で構成されている。この点は日本軍とほぼ変わらない。ただ、決定的に違うのは、二つの組織を統轄する「統合参謀本部」を設置していることだ。この統合参謀本部は、大統領の決定に従属する立場にあった。

この組織構造では、アメリカ軍のすべての動きは統合参謀本部で熟考され、一貫性と整合性を伴った統合作戦を大統領が最終決定で下す。そこに組織の都合や面子などは介在せず、あるのは作戦を効率的に遂行するための合理性だ。

実際にアメリカの統合作戦に陸軍と海軍の意向を汲んだ折衷案はほとんどなく、最終的に下された作戦は絶対的な決定として実施に移される明快かつ最良のシステムだったのである。

●指揮系統が明確だったアメリカ軍との違い

情報をうまく活用し、陸・海両軍がうまく連携できたかどうかの差は、太平洋上の島々を巡ってしのぎを削った第2ラウンドに見ることができる。アメリカ軍は統合参謀本部が決定した攻撃・補給作戦をもとに、陸・海両軍はそれぞれの役割を粛々と果たしてきた。そこには明確で絶対的な指揮系統があった。

また、太平洋の島々に上陸するための水陸両用部隊を育てたことは前述したが、これを指揮したのも統合参謀本部であり、作戦準備にも余念がなかった。想定の甘い場当たり的な戦略と作戦が目立った大本営に比べると、統合参謀本部は組織として成熟していたことがわかる。

もっとも、アメリカ軍の中で対立がなかったわけではなく、連合国軍最高司令官・ダグラス・マッカーサー（陸軍）とアメリカ太平洋艦隊司令長官・チェスター・ニミッツ

（海軍）は、対日方針で何度も衝突していた。だが、二人の上には統合参謀本部、さらに大統領という最高指揮官がいたことで大きな混乱は起きていない。

片や日本の陸・海両軍は「敵は外より内にあり」と反目・対立が激しくなるばかりで、砂上の楼閣と化した大本営はもはや日本軍を導けるような組織ではなくなっていた。

結局、陸・海両軍の統合作戦を策定できたのは、敗戦の7ヵ月前の1945年1月の「帝国陸海軍作戦計画大綱」が最初である。本土決戦を間近に控え、ようやく陸軍と海軍が歩み寄りを見せたが、統合作戦の実施にあたって陸・海はここでもそれぞれの主張を譲らず、最後まで一丸になることはなかった。

●太平洋戦争、そして大本営は何を残したのか――

太平洋戦争で日本軍は約230万人の犠牲者を出し、約80万人と言われる民間人戦没者の半数以上が空襲、または原爆の犠牲になった。

太平洋戦争とはいったい何であったのだろうか。

自国の利益を追求した侵略戦争であるという声。欧米列強から独立機運を獲得したアジア解放の義戦であったという主張。いやいや、アメリカを筆頭にした帝国主義による抑圧から身を護るための自衛戦争だという意見もある。

戦後70年が経過しても我々はその答えを導き出せないでいる。

そして、大本営は何を残したのか。

大本営が掲げていたのは、荒波の近代において日本を強くするために、「戦時または事変の際に設置された軍の最高統帥機関」の理想だった。

幕末・明治維新から軍隊の整備が始まり、日露戦争までは最高権力機関として規律ある指揮と行動を示し、日本の躍進を支えた大本営であるが、かの組織はONE TEAM（ワンチーム）になれず、個々の立場や人間関係を再重視した戦略・運用によって独断専行と対立を繰り返す一方で、対外組織や身内の不祥事においては逆にONE TEAMとして結束し、外に対しては強硬な態度を貫きながら、大本営内部での処分や厳罰は与えずに責任の所在を曖昧にした。

それぞれの組織の利益や面子に重きを置いた場当たり的な対応策を最後まで繰り返した結果、科学的な近代戦争という巨大な暴力に飲み込まれ、残された道は無条件降伏しかなかった。

戦後70年以上が経過した現在でも、本書が示した大本営の姿は、今も伝統的に続く縦割り行政、大企業病など、現在の日本のいたるところで散見できるではないだろうか。太平洋戦争と大本営が残した爪痕は、無意識化で今の日本においても大きな影響を与えている。

34 終戦後の大本営メンバー～その闇と一部の光～

――幻の大本営移転計画

●判決に波紋を呼んだ東京裁判

太平洋戦争が幕を下ろすと、戦勝国が敗戦国の戦争指導者に裁きを下す国際的な法廷の設置が求められ、戦争責任を問われる裁判が東京で始まった。極東国際軍事裁判、いわゆる「東京裁判」である。

連合国が戦争犯罪人として指定した28人の日本の政治・軍事指導者を被告（A級戦犯）として起訴。当初は55項目の訴因、つまり、犯罪の具体的事実について罪を問われる事態となったが、最終的には10項目にまとめられて裁判が行われた。

判決は東條英機、板垣征四郎、木村兵太郎《きむらへいたろう》、土肥原賢二《どいはらけんじ》、広田弘毅、松井石根《まついいわね》、武藤章の7人が死刑のほか、終身刑16人、禁固刑2人となった。永野修身と松岡洋右は判決前に死去、大川周明《おおかわしゅうめい》は精神障害が認定され訴追が免除された。なお、日米開戦の直前

東京裁判における東條英機

に内閣を投げ出した近衛文麿は、A級戦犯として裁かれることが決定すると、服毒自殺している。

この裁判で起訴されたA級戦犯とは、罪の重さを表す等級ではなく、「平和に対する罪を犯した者」「不法に戦争を起こした行為」を指す。

なお、この東京裁判は、A級戦犯とされた個人を裁くという意味で、それまでに例を見ない異質な裁判だった。それまでの世界のルールは、捕虜虐待などの戦争犯罪を除くと、個人の罪を追及できなかったからである。

こうして始まった東京裁判で、連合国側が戦争犯罪人を正しく追及したかというと、必ずしもそうでない。決定的だったのが、A級戦犯の多くが陸軍から出たのに対し、海軍からは永野のみだったことだ。今に続く「陸軍悪玉、海軍善玉」のイメージは、この裁判結果が広く浸透したものと考えられる。

海軍の上層部にA級戦犯が極端に少なかった理由、『日本海軍400時間の証言――

軍令部・参謀たちが語った敗戦』(新潮文庫)の中で、海軍大佐だった豊田隈雄《とよだくまお》がその答えとなる証言をしている。

「政府の要路におった人は大臣、総長、皆ね。答弁がまちまちにならないようにね、みんな話し合って、答案の骨子になるものが、ちゃんとできたものが残ってるよ。裁判用に」

衝撃的な豊田の証言は、海軍が組織的に戦犯裁判の対策を練っていたことを裏付ける。海軍は東京裁判を「第2の戦争」と呼び、建て前としては昭和天皇の戦争責任を回避することを目的としていたが、真の狙いは自己保身のために動いていたとする指摘も少なくない。

ちなみに海軍省は、1945年の12月に改組され、第一復員省と第二復員省が設置されている。後者の組織に史実調査部なる部署があるが、ここは戦犯裁判の対策に深く関わり、機密文書の処分など徹底した証拠隠滅に関与したとされている。

ポツダム宣言受諾後、霞が関の海軍省から何かを燃やすような煙が何日にもわたって上がったというが、この時に歴史の真実が闇に葬られてしまったようだ。

●責任回避に成功した大本営

罪をほとんど追及されなかった組織はほかにもある。それが大本営だ。

大本営に関わる人々が対米開戦を導き、実際の戦争指導や作戦指揮に従事したことは本書で繰り返し述べた。「平和に対する罪を犯した者」「不法に戦争を起こした行為」が罪状なら、なぜ大本営からA級戦犯が出なかったのか――。

それは東京裁判を主導したアメリカ側が日本軍の実態を正確に掴めず、戦争責任を主に開戦時の陸軍省軍務局の幕僚クラスに向けたことにも起因する。大本営の人々は、実質的にA級戦犯としての罪を犯していたが、対米開戦の当時は政策決定に与る地位にあったとは見られなかったという理屈だ。

そして、アメリカ側が占領統治をスムーズに行えるように、大本営に関わった人々が戦争責任の追及から逃れられるような配慮をしたことも大きかった。加えて、海軍と同じように組織ぐるみで行った証拠隠滅も功を奏していたようだ。

一方、その大本営や軍といった組織の命令に従わざるを得なかった現場の指揮官やそれを実行した名もない兵隊たちが、連合国によってB級（通例の戦争犯罪）、C級（人道に対する罪）の罪に問われ、世界49ヵ所の軍事法廷で約1000人もの人間が死刑判決を受けたという重すぎる事実がある。

●A級戦犯被告の一覧

被告名	判決	主な職歴と階級
東條英機	絞首刑	首相、陸軍大臣、大本営・参謀本部参謀総長（陸軍大将）
板垣征四郎	絞首刑	陸軍大臣、関東軍高級参謀（陸軍大将）
木村兵太郎	絞首刑	陸軍次官（陸軍大将）
土肥原賢二	絞首刑	奉天特務機関長（陸軍大将）
松井石根	絞首刑	上海派遣軍・中支那方面軍司令官（陸軍大将）
武藤章	絞首刑	大本営・参謀本部作戦課長、陸軍省軍務局長（陸軍中将）
広田弘毅	絞首刑	首相、外務大臣
荒木貞夫	終身禁固刑	陸軍大臣、文部大臣（陸軍大将）
橋本欣五郎	終身禁固刑	日本青年党統領（陸軍大佐）
畑俊六	終身禁固刑	陸軍大臣（陸軍元帥）
平沼騏一郎	終身禁固刑	首相、国務大臣、内務大臣
星野直樹	終身禁固刑	満州国総務長官、内閣秘書長官
賀屋興宣	終身禁固刑	大蔵大臣
木戸幸一	終身禁固刑	文部大臣、厚生大臣、内大臣、
小磯国昭	終身禁固刑	首相、関東軍参謀長（陸軍大将）
南次郎	終身禁固刑	陸軍大臣、朝鮮総督（陸軍大将）
岡敬純	終身禁固刑	海軍省軍務局長、大本営・軍令部第三部長（海軍中将）
佐藤賢了	終身禁固刑	海軍省軍務局軍務課長支那派遣軍総参謀副長（海軍中将）
嶋田繁太郎	終身禁固刑	大本営・軍令部総長、海軍大臣（海軍大将）
大島浩	終身禁固刑	駐独大使（陸軍中将）
白鳥敏夫	終身禁固刑	駐伊大使
鈴木貞一	終身禁固刑	企画院総裁、陸軍大学校教官（陸軍中将）
梅津美治郎	終身禁固刑	関東軍司令官、大本営・参謀本部参謀総長（陸軍大将）
東郷茂徳	禁固20年	外務大臣、拓務大臣、大東亜大臣
重光葵	禁固7年	外務大臣
松岡洋右	公訴棄却	外務大臣、拓務大臣、南満州鉄道総裁　※判決前に死去
大川周明	公訴棄却	思想家
永野修身	公訴棄却	大本営・軍令部総長（海軍元帥）　※判決前に死去

A級戦犯に認定された中で絞首刑に処されたのは7名

戦時中は命など一発の銃弾ほどにも重く扱われないような不条理に耐え、地獄とも言えるような死線を乗り越え、ようやく戦争が終わり生き延びた末に、組織の犠牲となっていわれのない罪を課せられた無辜《むこ》なる兵隊たち。遠い異国の地で執り行われたB級・C級の裁判は、形だけで一方的なものが多かったようで、大した弁護の機会もなく罪が確定し、刑が執行されている。対象者は下仕官が多く、また無実の者が絞首刑になるなど、実態はかなり酷い有り様だったという。

●大本営・参謀本部で大手を振っていた人々の戦後

戦争責任を逃れた大本営首脳陣の中には、悠々自適とは言わないまでも、富や名声、静かな余生など、己の人生を全うした人物も少なくない。その筆頭が大本営・参謀本部の面々だ。

その中でも出世頭が瀬島龍三だろう。瀬島は終戦後に行ったソ連との停戦交渉において捕虜の抑留と使役の密約、要は「ソ連に日本兵を売り渡したのではないか?」との疑惑が持たれていた。日本に帰還した後もロシアの外交官と密会を目撃されるなど、疑惑が払拭されることはなかったが、本人は疑惑を全否定しつつも、停戦交渉やシベリア抑留の詳細を最後まで語ることはなかった。戦争については家族にも打ち明けないほど徹底して口を閉ざしていたようである。

こうした数々の疑惑を黙殺し、三顧の礼で迎えられた伊藤忠商事に入社すると、陸軍大学を主席で卒業した才覚を発揮し、遂には会長職に就いている。さらに中曽根康弘政権の懐刀としても精力的に活動。地位、金、名誉のすべてを手に入れ、95歳という長寿を全うする実に人が羨むような人生を送った。

服部卓四郎は、終戦後ＧＨＱに請われ、占領軍による戦史の編纂に従事した。驚くべきことに、「生きて虜囚の辱を受けず、死して罪禍の汚名を残すこと勿れ」の戦訓を垂れてきた服部は、敗戦と同時にアメリカ側に擦り寄り、身の保全と職を得ていたのだ。また、終戦時の焼却を免れた資料を集めながら、『大東亜戦争全史』（原書房）を出版している。数々の修羅場をくぐり抜けて大本営・参謀本部で幅を利かせてきた服部だけに、戦争責任をうまく回避する立ち回りには目を見張るものがある。

なお、服部は国防軍事の研究といった方面での成果も上げ、日本再軍備への道筋を模索していた。事実、服部を中心とした旧陸軍の要職を経験したメンバーで構成された「服部機関」なる研究会を発足させている。

この組織は自衛隊の前身組織となる武装組織・警察予備隊の設立に関わり、服部機関の主要メンバーを警察予備隊の中枢要員として推薦する動きもあった。だが、公職を追放された人物を採用しないという政治的判断によって服部案の採用は見送られ、自身の入隊も拒まれている。

また、服部とコンビを組み、ノモンハン事件などで数々の悪名を轟かせた辻政信は、終戦と同時に中国へ逃亡。戦犯指定から逃れたことを確認すると日本に帰国し、戦記を書いてベストセラー作家となった。

辻の雄弁さと世渡り上手は相変わらずだったようである。遂には政治家にも転身したが、自身の戦争責任について問われると、独自の理論を強気で展開し、罪を認めることはなかった。大本営の参謀→作家→政治家と波瀾万丈で掴み所のなかった人生を送ってきた辻は、その最期も謎に満ちており、参議院議員在任中の1961年（昭和36年）、視察先のラオスで行方不明となり、そのまま表舞台から姿を消している。

辻や服部を強力に後押しした田中新一と、太平洋戦争開戦時の大本営・参謀本部参謀総長の杉山元はどうか。田中は陸軍の作戦立案に深く関わっており、戦犯とされても不思議ではなかったが、終戦時の階級が中将だったことや、東條と対立して軍部の中央から遠ざかっていたことが影響してか、戦犯を逃れた。一部ではGHQに対して取引材料を持っていた可能性も指摘されている。

有能な部下や昭和天皇に挟まれて身動きが取れないことから、晩年は「グズ元」と評価が良くなかった杉山は、自決の道を選んだ。だが、そこに至るまでは妻から何度も自決を強要された挙げ句、ピストル自決に失敗し、結局は薬によって生涯を閉じる何とも締まらない最期になった。

●第2の戦争で勝利を勝ち取った海軍

海軍の戦争責任は、前述した戦犯裁判の対策が功を奏したわけだが、A級戦犯を免れないと見なされていた人物もいた。対米開戦時の海軍大臣にして後に大本営・軍令部総長も兼務した嶋田繁太郎である。

嶋田と言えば、東條の盟友として対米開戦を推し進めた国家首脳の一人。実際の功績はともかく、海軍のトップとしての責任が注目されていた。そこで海軍は、第二復員省の史実調査部が中心になって嶋田を守るために全力で奔走。この活動が功を奏してか、嶋田の判決は証拠不十分として終身禁固刑で決着し、1955年（昭和30年）に赦免されている。

終身刑の判決を聞いた嶋田は、「生きていられる」と笑って安堵したというが、太平洋戦争の中枢にいた人物の命乞いは、関係者をあ然とさせた。赦免後の嶋田は、海軍関係者との接触を避け、何も語らなかったことで海軍上層部の歴史は闇に葬られてしまった。

こうして海軍の顔とも言えた嶋田が極刑を免れたことで、その下にいた海軍関係者もその流れに沿った軽い処分で落ち着く。近代的な航空戦の理解に欠けた大艦巨砲主義者、そして日本軍にとって重要な機密書類を奪われる海軍乙事件を引き起こした福留繁は、英軍戦犯として禁固3年の判決を受けた。

戦後、福留はこの事件について問われても白を切り通し、責任の所在を曖昧にして非を認めようとしていない。一方で公益財団法人「水交会《すいこうかい》」の理事を務めるなど、エリート参謀気質が抜け切れず、地位や名誉にこだわりを見せた生涯を送っている。

大本営・軍令部総長の永野や嶋田の下で第一委員会を発足させ、海軍を対米開戦へと導いた岡敬純は、終身禁固刑の判決後に赦免。その岡と共に暗躍し、「この戦争は俺が始めさせたようなもんだよ」と豪語していた石川信吾も罪に問われていない。この二人も戦後は公的な場に姿を現さず、戦争責任に言及することはなかった。

大本営・軍令部の第一課長時代に、岡や石川と歩調を合わせていた富岡定俊。大本営・参謀本部でいうところの辻や服部と同じ立場だった富岡も戦犯を免れている。それからの富岡は、第二復員省史実調査部の初代部長に就任し、戦犯裁判の対策の中心的人物として奔走した。終戦後の富岡は、第2の戦争と呼ばれた東京裁判での活躍と皇族を守る動きで一定の評価を受けているが、自身の戦争責任を棚に上げ、海軍が歩んできた歴史をあやふやにした罪は小さいものではないだろう。

特攻を主導したとされる海軍の人々の戦後もさまざまである。真珠湾攻撃から終戦までの間で数々の作戦に関わってきた源田実と中澤佑。源田は一時期会社勤めをしていたが、1953年に航空自衛隊へ入隊。曲技飛行隊で有名な「ブルーインパルス」の創設に関わり、除隊後は政治家へ転身するという順風満帆な人生を送っている。

B級戦犯の判決で重労働10年刑を宣告された中澤。巣鴨刑務所に4年間収監されたが、終戦直後に階級が上がるポツダム進級をひっそりと受けていた。大本営・軍令部の一線で生きてきただけあって自己保身にも抜け目がなかった中澤のその後は、アメリカ海軍横須賀基地に勤務している。

戦後、連合艦隊の作戦や内幕を知る上で貴重な資料だった宇垣纏《うがきまとめ》の日記『戦藻録』の一部や、大本営・軍令部の重要書類を勝手に処分するなど、極めて不可解な動きを見せたのが黒島亀人だ。顕微鏡を扱う会社の常務として迎えられた黒島は、その後は宗教研究に没頭する人生を送っている。やはり、戦争責任について語ることはなかったが、だんまりを決めこむ一連の姿勢を疑問視する声も少なくない。

以上のように大本営・軍令部に関わる人々は戦争責任から逃れてきたわけだが、無残な作戦を指揮した士官として良心の呵責に苛み、軍人としての大義に殉じた者もいた。例えば、大西瀧治郎である。

自決した大西の最期は凄まじく、渋谷の官舎で腹を十字に切り裂き、首と胸を刺した。これは切腹の正式な作法だが、あえて介錯を付けず、「生き残るようにしてくれるな」と医者の手当てを拒んだとされる。内臓が飛び出したまま半日以上苦しみながらの死出の旅だったという。

自決すれば責任を全うして許されるのかと言えば、もちろんそうではない。あえて生きることで地獄のような苦しみにさらされ、贖罪とする見解もあるだろう。例えば、『日本海軍400時間の証言――軍令部・参謀たちが語った敗戦』（新潮文庫）で証言を続けた豊田隈雄は、次の世代に海軍の実態を伝えることで戦争の責任を果たそうとしたのではないか。

一つだけ言えることは、終戦後の裁判で最も被害をこうむったのは日本の本土から離れた海外で終戦を迎えた人々や立場の低い者であり、大本営で指揮を執っていた多くの戦争指導者は、生きるも死ぬも己の意思によって自分の人生をデザインできたという事実である。

●気概を見せた最後の陸軍大臣

　さて、本書は戦争という深い闇に隠れていた大本営の真実を照らし、太平洋戦争と大本営の関わりを理解してもらうことを目的に筆を進めてきた。そして、起こるべくして起こった事態、日本を追い込んだ元凶と狂騒を描いたつもりである。

　大本営を改めて考えてみると、責任が重い組織だったことを痛感する。ただ、ここで注視すべきことは、大本営に所属したすべての人々が独善と狂気に彩られていたわけではないことだ。

　最後の陸軍大臣になった阿南惟幾。阿南はポツダム宣言が発せられた流れの中で、組織のトップとして組織の姿勢・面目を保ちつつも、大局としては講和せざるを得ないと腹案していたという。だが、国体維持が曖昧な状況で強硬派の陸軍将校たちに本心を打ち明ければ、混乱を引き起こし、内からのクーデターで日本が壊滅するといった事態も考えられた。

　一般的に本土決戦を唱え続けたイメージが強い阿南だが、戦争の継続はあくまで国体維持を主とした条件付きの提案を連合国側が受け入れなかった場合である。また、阿南のスタンスは、徹底抗戦を主張する強硬派が揃う陸軍に対してのポーズでもあったのだ。

　そして、阿南の懸念は未遂ではあるが現実のものになった。

1945年8月14日の深夜から15日にかけて発生した宮城事件《きゅうじょう》。この事件は昭和天皇による玉音放送を知らされた陸軍将校の一部と、近衛師団参謀が日本の降伏を阻止しようと巻き起こしたクーデター未遂である。

8月14日の早朝に阿南はクーデター計画を聞かされ反対したものの、陸軍の畑中健二《はたなかけんじ》と椎崎二郎《しいざきじろう》が中心となり、皇居（宮城）を占領し、玉音放送の録音テープ強奪を目論んだ。結局、テープは見つからず、それならばとラジオ局ジャックを試みるも失敗に終わったのが宮城事件の顚末である。

陸軍を抑えるための努力も虚しく暴走してしまった事実。陸軍大臣という立場で昭和天皇や部下たちを悩ませたことや、さらには英霊に対する悔悟から阿南が選択したのは自決。少年時代から乃木希典を生涯の師と仰いだ阿南らしい最期であった。

太平洋戦争を主導し、戦線が悪化しても戦争をいたずらに長引かせ、必要のない犠牲やさらなる悪化を招くことの多かった大本営ではあるが、その中には大局観を持ち合わせ、適切な判断と行動で死力を尽くした人々もいたことを最後に付け加えておきたい。

あとがき

明治から終戦までの日本は、さまざまな局面が凝縮された時代だ。明治維新、近代化、恐慌、開戦、玉砕、原爆、終戦……と、日本史の重要な局面がこれでもかというほど盛り込まれていた。この時代に生きた人々は、否が応にも厳しすぎる局面に人生を託さざるをえなかった。単純に理不尽であり、改めてとんでもない時代と感じる。

私が生まれた1975年（昭和50年）は、終戦から30年が経過した団塊ジュニアの世代。今思えば終戦からわずか30年しか経っていないのに、先の大戦の爪痕を感じることはほとんどなかった。ただ、そんな平和の時代でも物心が付いたころには、「日本がアメリカに戦争で負けた」ことを理解していたと記憶している。

幼少時代のある日、こんなことがあった。親族の家に飾られている英霊の写真がとても気になり、「どこで死んだ?」「なぜ死んだ?」など、子供らしい質問をぶつけたのだろう。だが、祖父は言葉を濁すばかりで、大叔父が南方のどこかで戦死したこと以外を語ってくれなかったことを覚えている。後年、大叔父は南方ではなく満州で戦死したことがわかったが、とにかく祖父は戦争の話をしたくなかったようだ。

小学校では社会の授業で戦争の悲惨さを教えてくれたが、もちろん本質的な部分を掘り下げる内容ではない。学校教育でも戦争を何となくタブー視しているような風潮にいつしか違和感や疑問を覚えたものである。この「違和感」や「疑問」は、成長と共に理解していったが、幼いころに抱いたもやもやした感覚こそが本書を執筆する原点になったのかもしれない。

さて、本書を書き上げるまでにはいくつかの課題に直面した。

まず痛感したことがテーマの重さだ。私はこれまでのキャリアの中で、あまり興味のないテーマの作品に関わることも多々あり、作業にはそれなりの労力と時間を要してきた。それでも本が好きで出版に関わってきただけに「苦しい」と感じたことはなかったように思う。

だが、本書の作業にいざ取りかかると、「大本営」を通した戦争観が今までの知識や想像とかけ離れていることを痛感した。調べれば調べるほどわかっていく真実。それは世間で認知されていることからずいぶんと乖離していることもあれば、やっぱりそうだったのかと納得できることなど、さまざまな視点から歴史を確認する作業は苦しいものであり、考えさせられることも多かった。

それまでの私は近代史を理解しているつもりだったが、それはまったく勘違いだったのである。

もう一つの課題、それは大本営に関する文献や情報が少なかったことである。想定外に大きくのしかかった課題は、最終項で触れた大本営による機密文書の処分、すなわち証拠隠滅が大きく関わっているようで、特に大本営・軍令部に関する情報の少なさには驚きを隠せなかった。

そして、最も厄介だったのは、大本営に関わる人々の考察だ。本書では大本営を紐解く人物を多く取り上げているが、それぞれの詳細を記すまでに至っていない。「昭和天皇の苦悩～太平洋戦争前夜～」の項目でも書いたが、人物を論じる場合、「どう捉えるか」「どの視点で考えるか」でまったく逆の結論や印象が導き出されてしまうことがある。

本書で批判的に書いてきた人物も、意図的に日本を敗戦に追い込もうとしたわけではないだろう。結果的に負の一面が目立っているが、それぞれの方法論で時代と向き合ってきた事実もある。本来、人物を書く時は多面的な視点で書くことが定石だろうが、本書のテーマはあくまでも「大本営」なのでご了承願いたい。

最後に鋭い指摘や助言をいただいた彩図社の本井氏と前担当の吉本氏、編集協力を仰いだ上杉氏に謝意を表したい。

●参考文献一覧

『旅順攻防戦の真実――乃木司令部は無能ではなかった』別宮暖朗著（ＰＨＰ文庫）／『瀬島龍三　参謀の昭和史』保阪正康著（文春文庫）／『大本営』森村俊夫著（教育社歴史新書）／『大本営参謀は戦後何と戦ったのか』有馬哲夫著（新潮社）／『失敗の本質　日本軍の組織論的研究』戸部良一・寺本義也・鎌田伸一・杉之尾孝生・村井友秀・野中郁次郎著（中公文庫）／『昭和の名将と愚将』半藤一利・保阪正康著（文春新書）／『はじめてのノモンハン事件』森山康平著（ＰＨＰ新書）／『大本営発表――改竄・隠蔽・捏造の太平洋戦争』辻田真佐憲著（幻冬舎新書）／『本土決戦――陸海軍、徹底抗戦への準備と日本敗戦の真実』田村尚也／瀬戸利春著（学研マーケティング）／『大東亜戦争と軍隊』（勁文社）／『大本営参謀の情報戦記――情報なき国家の悲劇』堀栄三著（文春文庫）／『日本はなぜ戦争をやめられなかったのか』綾瀬厚著（社会評論社）／『ドキュメント太平洋戦争全史』亀井宏著（講談社）／『作戦参謀とは何か――海軍最高幕僚の秘密』吉田俊雄著（光人社ＮＦ文庫）／『目からウロコの太平洋戦争』河合敦著（ＰＨＰ研究所）／『アジアの人々が見た太平洋戦争』小神野真弘著（彩図社）／『指揮官と参謀――コンビの研究』半藤一利著（文春文庫）／『陸軍省軍務局と日米開戦』保阪正康著（中公文庫）／『大東亜戦争の実相』瀬島龍三著（ＰＨＰ文庫）／『国会議員に読ませたい敗戦秘話』（産経新聞出版）／『聖断　虚構と昭和天皇』綾瀬厚著（新日本出版社）／『まるごとわかる！　太平洋戦争』（Ｇａｋｋｅｎ）／『主戦か講和か　帝国陸軍の秘密終戦工作』山本智之著（新潮選書）／『侵略か、解放か⁉　世界は「太平洋戦争」とどう向き合ったか』山崎雅弘著（学研マーケティング）／『教科書には載っていない太平洋戦争の謎』（彩図社）／『日本軍激闘の舞台裏』（彩図社）／『教科書には載せられない日本軍の秘密組織』（彩図社）／『昭和陸軍秘録　軍務局軍事課長の幻の証言』西浦進著（日本経済新聞社）／『参謀本部作戦課の大東亜戦争』高山信武著（芙蓉書房出版）／「昭和戦争史の証言　日本陸軍終焉の真実」西浦進著（日経ビジネス人文庫）／『検証大東亜戦争史』狩野信行著（芙蓉書房出版）／『東條英機　歴史の証言』渡部昇一著（祥伝社黄金文庫）／『杉山メモ　参謀本部編』（原書房）／『検証　戦争責任〈上下〉』読売新聞戦争責任検証委員会著（中公文庫）／『大東亜戦争秘録　日本軍はこんなに強かった！』井上和彦著（双葉社）／『昭和陸軍の研究〈上下〉』保阪正康著（朝日選書）／『日本海軍はなぜ過ったか――海軍反省会四〇〇時間の証言より』澤地久枝・半藤一利・戸高一成著（岩波現代文庫）／『日本海軍４００時間の証言――軍令部・参謀たちが語った敗戦』ＮＨＫスペシャル取材班著（新潮文庫）／『補給戦――何が勝敗を決定するのか』マーチン・ファンクレフェルト著（中公文庫ＢＩＢＬＩＯ）

【著者略歴】
橋本拓弥（はしもと・たくや）
1975年、茨城県生まれ。ライター、編集者。大学卒業後、編集プロダクション勤務を経てフリーに。これまでに歴史、スポーツ、ファッション、フード、エンタメ、パチンコ、ビジネス、経済、教育、教養、文学、語学、社史など1000タイトルを超える書籍・雑誌の編集と執筆に携わる。現在は書籍やwebマガジンの編集・執筆を中心に活動中。

大本営から読み解く太平洋戦争

2020年2月10日　第一刷

著　者　橋本拓弥

発行人　山田有司

発行所　〒170-0005
株式会社　彩図社
東京都豊島区南大塚3-24-4
MTビル
TEL：03-5985-8213　FAX：03-5985-8224

印刷所　新灯印刷株式会社
URL　https://www.saiz.co.jp
https://twitter.com/saiz_sha

ISBN978-4-8013-0428-4　C0195

本書は、2017年3月に小社より刊行された『大本営から読み解く太平洋戦争』を修正の上、文庫化したものです。